Matthias Gundel

Zirinis Zauberstube

Geschichten zum Weiterdenken – Band 4

Impressum

Bibliografische Information der Deutschen National-
bibliothek:
Die Deutsche Nationalbibliothek verzeichnet diese
Publikation in der Deutschen Nationalbibliografie; de-
taillierte bibliografische Daten sind im Internet über
http://dnb.dnb.de abrufbar.

Text und Idee
© Matthias Gundel, Oktober 2019

Titelbild
© Martina Gundel, Oktober 2019

Lektorat
Martina Gundel

Herstellung und Verlag
BoD – Books on Demand, Norderstedt
ISBN: 978-3-7504-0968-2

Dunkel war es und die sanften Nebelschwaden legten sich Minute für Minute mehr um die Häuser in der Altstadt, in der die meisten der Einwohner um diese Uhrzeit schon längst schliefen. In einer kleinen, verwinkelten Straße nicht unweit vom Marktplatz entfernt, brannte aus einem ovalen Kellerfenster aber noch Licht. Ein bisschen mystisch sah das Ganze dann schon aus, denn es war weit und breit keine andere Menschenseele in Sicht. In dieser Nacht streifte der leichte Frühlingswind in einer ebenfalls außergewöhnlichen Melodie durch die Stadt, so dass man sich sowieso nicht mehr auf die Straße getraut hätte. Blickte man nun durch das Kellerfenster, so sah man ein großes Gewölbe aus Backsteinen, das sich fast in der Unendlichkeit verlor. Dieser sehr seltsame Raum war aber nichts anderes als das Büro des weltbekannten Meisterdetektives überhaupt. Sein Name ist Willibert Wiesel. Gerade war dieser wieder einmal mit dem erfolgreichen Abschluss eines seiner Fälle beschäftigt und hatte es sich gerade an diesem Abend in seinem Büro gemütlich gemacht. In der Mitte des Raumes stand sein großer Schreibtisch aus dunklem Holz, darauf befanden sich unzählige Ordner, etliches an Schreibmaterial, sein oranges Wählscheibentelefon und noch vielerlei anderer Dinge.

Willibert saß in seinem nostalgischen Ohrensessel, der über die vielen Jahre hinweg schon mehrfach geflickt werden musste. Unser Detektiv hatte im Laufe der Zeit eine wirklich einmalige Auszeichnung für seine ganz besonderen Ermittlungsarbeiten bekommen.

Daher hing an seiner Wand das „Keiner weiß es – ich weiß es" – Zertifikat. Auf dieses war er besonders stolz und machte sich diesen Slogan zu seinem Lebens- und Geschäftsmotto.

Blicken wir für einen kleinen Augenblick zurück und gehen der Frage nach, wer überhaupt dieser Willibert Wiesel ist und woher er kommt. Bevor Willibert seine Arbeit als Meisterdetektiv aufnahm, lebte und arbeitete er in einer sogenannten „Märchenschau" in einem kleinen, beschaulichen Städtchen. Seine Hauptaufgaben waren, dass er die interessierten Besucher durch die eindrucksvolle Anlage führte, aber noch viel mehr, dass er in der Nacht und auch sonst außerhalb der Öffnungszeiten auf alle darin befindlichen Attraktionen ein aufmerksames Auge hatte. Die Märchenfiguren waren alle seine Freunde und wurden urplötzlich lebendig, wenn keiner der Besucher anwesend war. Besonders der große Elefant, dessen Rüssel den Kindern als Rutsche diente, war einer seiner besten Freunde. Der Meisterdetektiv hat oft mit ihm darüber gesprochen, was einmal werden sollte, da es im Laufe der Jahre immer weniger Besucher in der Märchenschau wurden.

Eines Herbstes war überhaupt kein Besucher mehr da und das Gras begann langsam über alle Figuren und sonstigen Sehenswürdigkeiten zu wachsen. Willibert Wiesel konnte aus seinem Versteck beobachten, wie immer mehr der dargestellten Szenen aus der einst liebevoll angelegten Parkanlage verschwanden. Da war es an der Zeit, mit seinem schon in die Jahre gekommenen VW-Käfer, eine neue Bleibe und vor allem Aufgabe zu suchen. Willibert Wiesel wäre dabei nicht Willibert Wiesel, wenn er nicht auch für diese Situation eine gute Lösung gefunden hätte. So kam es, dass er eine Spezialschulung als Meisterdetektiv machte und zum Zeitpunkt unserer Geschichte schon erste Fälle erfolgreich gelöst hatte. Ein ausgebildeter Detektiv hatte dabei auch immer eine treue Begleitung, so auch bei Willibert Wiesel mit seiner Navigeule Antasi. Aber nun zurück zu unserer aktuellen Geschichte.

Zu dieser späten Stunde dachte also Willibert leise vor sich hin: „Das war mal wieder ein ganz besonderer Fall. Na, dann bin ich froh, dass das alles ein gutes Ende gefunden hat. Jetzt wird es endlich einmal Zeit, dass ich ein paar Tage Urlaub mache. Ich muss mal wieder auf neue Gedanken kommen und ausspannen.", murmelte er weiter. Das sanfte, grüne Licht seiner Schreibtischlampe ließ einen lustigen Kreis um Willibert fallen. Er war sehr müde und seine Augen begannen sich sichtlich mehr und mehr zu schließen.

Fast wäre er eingeschlafen, aber das lautstarke Klingeln seines Telefons riss ihn aus seinem Dämmerschlaf. Willibert war so erschrocken, dass ihm seine Mütze bis vor seine Augen auf seine spitze Nase gerutscht war.

Das Klingeln des Telefons wurde immer energischer und man hatte den Eindruck, dass der Hörer gleich von allein hochspringen würde. Der Meisterdetektiv sprang auf und nahm diesen sogleich in seiner Hand und noch ehe er ein erstes Wort sagen konnte, vernahm er ein nicht zu überhörendes „Hilfe! Ich brauche Ihre Hilfe! Ganz dringend und gleich."

„Hallo, hier Willibert Wiesel – keiner weiß es, ich weiß es. Was ist denn Ihr Anliegen zu so später Stunde?"

„Na, es ist weg! Einfach weg! Ich kann es nicht mehr finden und jetzt bin ich vollends ruiniert. Mein Lebenswerk gibt es nicht mehr und ich weiß nicht, wie es weitergehen soll."

Willibert unterbrach nur zu ungern, aber dieses Mal war es nicht anders möglich. „Entschuldigung, wenn ich mich dazwischen mische. Was ist denn nun wirklich Ihr Anliegen? Was ist denn einfach weg? Wer ist denn hier überhaupt am Apparat?"

Unterdessen sprach es auf der anderen Leitung weiter: „Können Sie nicht gleich vorbeikommen? Ich brauche echt dringend Hilfe!"

Dann ein paar Sekunden Schweigen. „Werter Herr, hier ist Willibert Wiesel – keiner weiß es, ich weiß es. Aber leider weiß ich noch immer nicht, worum es bei ihnen geht. Bitte nochmals ganz von vorn."

„Oh, ja, entschuldigen Sie bitte. Sie wissen ja, die Nerven und das Alter. Also, mein Name ist Lunelli Lebkuchen und ich habe mit Zetha Zimtstern eine sehr gut laufende Lebküchnerei in der Lebkuchengasse. Wir haben jedes Jahr um die Weihnachtszeit unzählige Besucher, die sich an unseren Leckereien erfreuen. Auch zum letzten Weihnachtsfest war uns wieder viel los. Wir hatten sogar Besuch vom legendären Märchenbus, auf den sich die Menschen schon viele Jahre gefreut hatten. Jetzt machen Zetha und ich gerade den Jahresputz, denn nach Weihnachten ist ja schließlich vor Weihnachten. Herr Wiesel, nun fehlen mir auf einmal sämtliche Lebkuchenrezepte! Mein wichtigstes Werkzeug, mein Rezeptbuch, ist spurlos verschwunden. Wir wissen nicht, wie das kommen konnte. Zetha und ich haben schon Nachtschichten eingelegt und alles in der Lebküchnerei auf den Kopf gestellt. Nichts zu finden! Wir brauchen einen Profi und haben dabei an Sie gedacht.", schwall es nur so aus Lunelli in vollster Verzweiflung heraus.

„Nun beruhigen Sie sich, Herr Lebkuchen. Alles hat eine Lösung. Keiner weiß es, ich weiß es!

Ich mache mich nach Anbruch der Helligkeit gleich auf den Weg zu Ihnen. Wo ist denn die Lebküchnerei noch einmal?"

„In der Lebkuchengasse, die findet man ganz einfach."

Lunelli erklärte dem Detektiv nun den genauen Weg und verabschiedete sich mit Zuversicht, dass er in Willibert Wiesel eine große Hilfe findet.

Am nächsten Morgen war es soweit: unser Meisterdetektiv machte sich also auf den Weg in die Lebkuchengasse. Doch halt, war es nicht ein Problem, da Willibert zwar ein brillanter Ermittler und Spurenleser war, aber dennoch eine ganz schlechte Orientierung hatte. Auch hier gab es eine Lösung, den Willibert weiß immer alles. Schon am Vorabend gab der Detektiv seiner treuen Gefährten, der Navigeule Antasi Bescheid, dass sie wieder einmal für einen neuen Fall gebraucht wird. Antasi ist eine kleine, braune Eule, die ganz in der Nähe von Willibert Wiesels Büro wohnte. Eine alte, große Eiche war ihr zu Hause und von dort aus half sie dem Meisterdetektiv schon seit ganz vielen Jahren seit ihrer Spezialausbildung zur Navigeule immer wieder.

„Meine liebe Antasi, es wird nur langsam Zeit, dass wir uns auf den Weg machen. Mein Auftraggeber wartet schon sehnsüchtig, da dieser etwas ganz Wichtiges vermisst. Keiner weiß es, ich weiß es!

Also, lass uns den Weg zur Lebkuchengasse starten",
sprach Willibert zur Navigeule.

„O. k., mein Freund! Ich bin bereit. Warte noch mal
kurz, ich muss noch mal in alle Richtungen schauen, um
die Strecke bis zur Lebkuchengasse abzuschätzen.", er-
widerte Antasi und flog noch mal hoch hinauf auf dem
höchsten Baum im angrenzenden Wald. Die Navigeule
nahm sogleich ihr Spezialfernrohr und drehte sich ein-
mal um die eigene Achse.

Es war noch relativ früh am Morgen, die Luft roch
frisch nach einer Mischung aus Tau und Gras. Ein paar
Wolken waren am Himmel und sie sahen fast so aus, wie
Regenbogenwolken. Die aufgehende Sonne beleuchtete
diese nämlich in einem wirklich sagenhaften Licht. Von
überall konnte man das Singen der Vögel an diesem
herrlichen Frühlingsmorgen vernehmen und es schien
heute wieder ein herrlicher Tag zu werden.

Mit einer gestreiften Mütze und einem karierten Man-
tel bekleidet wartete Willibert Wiesel ein paar Minuten
ganz ungeduldig unter der Eiche in seinem alten VW
Käfer, was ein ganz besonders lustiges Bild ergab. Sein
nostalgisches Auto war schon unzählige Jahre im Ein-
satz und auch hier haben die Zeichen der Zeit deutlich
ihre Spuren hinterlassen. Das Auto hatte vier verschie-
dene Farben, an jeder Tür eine extra.

Außerdem gab es auch vier komplett unterschiedliche Reifen.

„Ich habe die Route!", rief Antasi kurze Zeit später und sprang ungehindert in sein Auto, damit der Meisterdetektiv dieses endlich starten konnte.

Allzu weit entfernt war die Lebkuchengasse gar nicht und in einer guten halben Stunde erreichten sie ihr Ziel. Die Eule hatte zwar stets die kürzeste Entfernung geplant, hat aber auch vergessen, dass Willibert Wiesel und sein Auto doch nicht zwischen dem einen oder anderen Baum durchkamen oder die manchmal großen Felsen passieren konnten.

Gegen frühen Vormittag stand also der Ermittler vor der Lebküchnerei, wo Zetha und Lunelli bereits sehnsüchtig auf ihn warteten.

„Endlich sind Sie da, Herr Wiesel!", rief es aus der Küche und Lunelli rannte direkt auf den Detektiv zu. Fast hätte er ihn umgerannt, hoffte er doch, dass er eine Lösung für sein Problem wusste.

„Hallo! Keiner weiß es, ich weiß es. Herr Lebkuchen, wir gehen am besten gleich einmal an den Ort des Geschehens, damit ich mir ein Bild von allem machen kann."

Zetha folgte den beiden ebenfalls in die Lebküchnerei, da sie sowieso heute weiter mit der Reinigung machen wollte.

Die Eule Antasi machte es sich davor gemütlich, denn hier stand noch der Weihnachtsbaum von den Feiertagen aus dem Vorjahr. Das Besondere war nämlich, dass der Baum fest eingepflanzt ist und jedes Jahr als Christbaum fungierte. Antasi war ein bisschen müde von der kurzen Reise, weil sie doch viel achtgeben musste, damit Willibert sicher an sein Ziel gelangte.

Willibert stand wenige Augenblicke später mit Lunelli und Zetha in der Küche ihrer Lebküchnerei und zückte seinen überdimensionalen Reporterblock. „Haben Sie eine Idee, wer der Verdächtige sein könnte?", begann der Meisterdetektiv mit seiner Fallaufnahme. Doch auch hier erntete er nichts weiter als bloßes Kopfschütteln.

Stattdessen gab es eine ungewöhnliche Reaktion: „Hier, probieren Sie mal, Herr Wiesel. Eine leckere Eigenkomposition aus unserem Hause. Wir wollen nämlich künftig das ganze Jahr öffnen und mit neuen Angeboten auch in der warmen Jahreszeit unsere Gäste verwöhnen."

Noch während die drei ihren leckeren Eistee tranken, wiederholte Willibert seine Aufgabe: „Also, wir brauchen unbedingt eine Übersicht mit Ihren Gästen. Vielleicht können Sie das alles in den nächsten Stunden aufschreiben, bis ich wieder nach Hause fahre.

Solange werde ich mich noch ein bisschen hier umsehen und nach Spuren suchen, die uns helfen könnten." So geschah es dann auch: Willibert Wiesel nahm seine überdimensionale Lupe und durchsuchte die Lebküchnerei mitsamt dem Außenbereich nach eventuellen Indizien.

Nach gefühlten Stunden hatte der Meisterdetektiv trotz intensivster Untersuchungen noch immer kein Ergebnis. Es blieb ihm seine treue Assistentin die Navigeule Antasi, die sich nach wie vor in dem überdimensionalen Weihnachtsbaum vor der Lebküchnerei aufhielt. Meister Wiesel ging mit gesenktem Haupt nach draußen und die Eule Antasi flog zugleich zu ihrem Freund, um sich neben ihm zu setzen.

Was man bis dahin nicht wusste war, dass die Eule nicht nur einen ausgezeichneten Orientierungssinn hatte, sondern auch ganz besondere Fähigkeiten, wenn es um die Suche nach Beweisen ging. „Mein Freund, lass den Kopf nicht hängen. Wir gehen beide jetzt nochmals rein und schauen in Ruhe, ob nicht doch etwas zu finden ist. Wäre doch gelacht!", beruhigte die Navigeule den aufgebrachten und zugleich traurigen Meisterdetektiv und legte dabei ihren rechten Flügel sanft um ihn.

Dieser hatte noch immer seinen Kopf gesenkt und es sah so aus, als ob es tagelang Regenwetter geben würde. „Na gut, wenn du unbedingt meinst. Lass uns noch mal reingehen!", sprach Willibert Wiesel leise vor sich hin und machte sich erneut auf den Weg in die Lebküchnerei. Lunelli und Zetha saßen noch immer eifrig an einem ihrer Gästetische und diskutierten lautstark. Die warme Frühlingssonne kam durch die frisch geputzten Fenster ganz besonders angenehm warm und zudem roch es noch nach frischer Zitrone. Willibert ließ die beiden weiter diskutieren und ging mit Antasi zunächst nochmals in das Büro von der beiden. Die Eule flog und flog, während unser Detektiv weiter unruhig und sichtlich traurig auf ein Bücherregal starrte, in das Lunelli allerlei Utensilien, aber bloß keine Bücher gestellt hatte. Doch dann, auf einmal: die Navigeule wurde langsamer und setzte zur Landung an mitten auf dem Schreibtisch von Lunelli Lebkuchen. Willibert konnte gar nicht schnell genug schauen und Antasi war mit einem Satz auf einer alten Zeitung gelandet, die fast den gesamten Schreibtisch bedeckte.

„Schnell, Willibert und hilf mir bitte. Ich glaube, ich habe da was, was uns allen weiterhelfen kann. Nimm mal schnell bitte den Briefbeschwerer weg", rief Antasi dem Detektiv zu, der weiterhin mit verträumter Miene tatenlos dastand.

Die Navigeule hatte nämlich noch eine weitere ganz große besondere Fähigkeit: Immer, wenn sie etwas Wichtiges gefunden hat oder weiß, dann beginnt ihr großer Schnabel in einer hellgrünen Farbe zu blinken. Nur Willibert wusste das und gerade in diesem Augenblick war es wieder einmal soweit. Mit Schweiß in Händen nahm er den Briefbeschwerer vom Tisch und was zum Vorschein kam, verblüffte die beiden gleichermaßen. Ein Puzzlestück, nicht zu groß und nicht zu klein, war hier vorzufinden. Was noch viel komischer war: das Puzzleteil war vollkommen weiß.

Der Schnabel von Antasi blinkte also wie verrückt in grün und nahm Willibert nahm das erste Beweisstück behutsam in seine Hände. Beide wussten nicht so recht etwas damit anzufangen und ehe sie auch nur im Ansatz nachdenken konnten, standen Zetha und Lunelli auch im Büro.

„Oh, Entschuldigung, wir wollten nicht bei Ihren Ermittlungen stören, aber wir dachten vielleicht, dass es ganz hilfreich ist, wenn wir die Liste mit allen möglichen Gästen bzw. Verdächtigen vorlegen könnten.", sprach Zetha in einem leisen Ton.

„Nein, nein, es ist schon gut. Zeigen Sie mir die Liste bitte mal.", forderte Willibert mit vollem Tatendrang.

Antasi saß weiterhin mit blinkendem Schnabel neben dem kleinen Puzzleteil.

Lunelli beobachtete die gesamte Situation mehr aus dem Hintergrund. „Herr Wiesel, Ihre Eu, Eu, Eule", stotterte der Meisterbäcker auf einmal.

„Ja, ja, ich weiß, wir haben einen ersten Hinweis gefunden und Antasi hat dann diese Angewohnheit, aber Sie sehen es ja selbst.", versuchte Willibert die Situation zu erläutern.

„Das ist ja interessant," fuhr der Detektiv fort „nun, da machen wir uns doch gleich mal auf den Weg zu den Gästen, die hier auf der Liste stehen."

„Ach, dann wäre da noch etwas, Herr Wiesel.", begann Zetha zu sprechen. „Uns ist noch eingefallen, dass es zu mancher Zeit hier im Büro, aber auch in Lunellis Backstube nicht immer nur nach weihnachtlichen Gewürzen gerochen hat. Wir haben uns nichts weiter dabei gedacht, aber vielleicht ist es doch eine kleine Hilfe oder ein weiterer Anhaltspunkt für Sie. Irgendwie haben wir uns nicht nur immer beobachtet gefühlt, aber uns dabei keine weiteren Gedanken gemacht."

„Können Sie das noch ein bisschen genauer beschreiben?" fragte Willibert zugleich direkt nach. „Ja, es gab da auch noch etwas ganz Markantes. Es roch zudem auf einmal sehr angenehm, aber auch ungewöhnlich zugleich. Es war so, als ob man mitten auf einem Lavendelfeld steht.

Wie gesagt nicht aufdringlich, aber auch nicht zu wenig.", beantwortete Lunelli seine Frage und ergänzte dabei „ich habe da eine sehr feine Nase und an Weihnachten ohne entsprechenden Duft oder mit einem ergänzenden Duft das ist schon außergewöhnlich. Aber der Stress, die Hektik, die vielen Gäste…", sprudelte es nur so aus Lunelli heraus und dabei merkte er selbst gar nicht, dass er wenige Augenblicke später ganz allein dastand.

Zetha begleitete Willibert Wiesel mit der Navigeule nach draußen und Lunelli konnte nur noch aus der Ferne das alles vernehmen.

„Also, Frau Zimtstern, Sie hören wieder von mir. Ich mache mich jetzt mit Antasi auf dem Weg und grüßen Sie Herrn Lebkuchen nochmals herzlich von uns. Sie wissen ja: keiner weiß es, ich weiß es."

Mit einem lauten Geräusch setzte er wieder seinen alten VW-Käfer mit der Navigeule wieder in Gang.

Fast zur gleichen Zeit, nicht allzu weit von der Lebkuchengasse und der Lebküchnerei entfernt, ereignete sich folgendes: In einem kleinen, quadratischen Haus mitten in den Bergen wohnte ein älterer Mann. Wahrscheinlich hat er die meiste Zeit seines Lebens dort verbracht, denn sein Reich war von außergewöhnlicher Gestaltung gewesen.

Das Haus hatte zwei Stockwerke, die durch eine offene Treppe in der Mitte miteinander verbunden waren. Im Erdgeschoss befanden sich eine gemütliche Wohnecke, eine Miniküche und eine Schlafgelegenheit. Im Obergeschoss hatte der alte Mann überdimensionale Bücherregale. Zudem gab es scheinbar unzählig viele kleine gemütliche Zimmer, wo man sich zur Ruhe legen konnte.

Sein Name ist Zirini und er ist Zauberer von Beruf. Schon als kleiner Junge konnte er die kuriosesten Dinge machen. Egal, ob es Blumen waren, die er in Sekundenschnelle zum Wachsen brachte oder mit nur einem Fingerschnipp das leckerste Essen auf seinen Tisch zauberte. Zirini hatte lange, graue und ganz besonders stark gelockte Haare. Er trug stets einen vollkommen weißen Anzug, der ihn trotz seiner extremen Größe noch ein paar Zentimeter mehr erschienen ließ. Unser Zauberer hatte als Markenzeichen einen Zylinder und eine lila Krawatte, sowie zwei verschieden farbige Schuhe.

Zirini liebte den Duft von Lavendel, von dem er nicht genug bekommen konnte. Überall in seinem Haus hat er riesige Duftsäckchen verteilt. Ganz besonders rund um sein Haus gab es eine richtige Plantage an Lavendelpflanzen. Der Zauberer fühlte sich immer sehr wohl, wenn er den anmutenden Geruch dieser Pflanze wahrnahm.

Durch den Lavendelduft wurde der Zauberer immer wieder auf ganz neue Ideen gebracht. Diese waren bei Zirini nicht immer nur positiv, denn der Zauberer hatte so manche Tage die Anwandlung, seinen Mitmenschen kleine Streiche zu spielen. Nicht etwa, um ihnen weh zu tun, sondern vielmehr, um sie ein wenig zu verunsichern oder aus ihrem Alltagsdenken herauszubringen. Der Zauberer hatte im ersten Stock seines kleinen Hauses, also auf der Empore, außerdem einen riesigen, ovalen Spiegel, der mit goldenem Stuck eingefasst ist. Was keiner wusste, war, dass Zirini darüber stets die Möglichkeit hatte, sich nach Belieben an jedem Ort zu wünschen oder auch von seiner Zauberstube von dort aus zuzuschauen. Zudem gab es auch ein großes Fernrohr, dass er manchmal ergänzend dazu benutzte. Zirini war immer unsichtbar oder er konnte jede Gestalt annehmen, die man sich nur denken konnte. Nur eines war nicht möglich: er konnte seinen sanften Lavendelduft nie verbergen, d.h. wenn man genau hin roch, konnte man den Zauberer trotz seiner Unsichtbarkeit oder seiner verzauberten Person irgendwie wahrnehmen. Ein leichtes Kribbeln im Nacken war in seiner unmittelbaren Gegenwart auch immer fast garantiert.

Zirini war schon ein ganz besonderer Zeitgenosse, denn sein Haus hatte eine weitere Besonderheit: Es gab vier Eingangstüren und wenn man sich die Frage nach dem warum stellt, so ist die Antwort ganz einfach: Zirini liebt die Natur und auch das Wetter. Ganz besonders liebt er die vier Jahreszeiten und deren Wechsel. Er kann sich nie so richtig entscheiden, welche er am liebsten mag. So kann es sein, dass der Zaubermeister hinter jeder seiner Tür eine Jahreszeit versteckt hat. Sowohl den Frühling, aber auch den Sommer sowie den Herbst und den Winter waren auf Abruf für den Zauberer verfügbar. Eine wahrlich einzigartige Idee.

Was der Zauberer sonst noch alles im Schilde führte, das werden wir nun alles gleich erfahren. Aber nun mal der Reihe nach und wieder zurück zu Willibert Wiesel mit seinen ersten Ermittlungen in Sachen verschwundenem Lebkuchen Rezeptbuch von Lunelli Lebkuchen.

Nach den ersten Indizien von Zetha Zimtstern und Lunelli Lebkuchen, machte sich dieser auf den Weg zu den ersten Verdächtigen. Die Navigeule Antasi saß brav neben ihn in seinem knallbunten Käfer und begann scharf nachzudenken

„O. k., Warte mal bitte noch kurz mit dem Starten, Willibert." Die Navigeule verdrehte ihre Augen und

Willibert wurde von Sekunde zu Sekunde nervöser. Was bisher keiner wusste ist, dass Antasi einen unsichtbaren, roten Faden sehen konnte, der sie immer an das gewünschte Ziel bringt.

„Ich hab's, Willibert! Los, wirf´ den Motor an und wir starten.", rief seine Navigeule schließlich aus sich heraus.

„Keiner weiß es, ich weiß es.", kam es über seine Lippen. Der VW machte sich dann auf dem Weg durch die Lebkuchengasse vorbei an den einmalig schönen Häusern in Richtung einer großen Anhöhe vor einem Wald, um Mitti, Unki und Mogli einen Besuch abzustatten.

Die drei haben die vergangene Zeit und besonders im letzten Jahr die Zeit um das Weihnachtsfest in der Lebkuchengasse sehr gut verbracht und sich es in den folgenden Monaten dort in ihrem Haus gemütlich gemacht. Gerade jetzt im Frühjahr haben sie ihre Gartensaison begonnen und die ersten Pflanzen in die Erde gebracht. Unki liebte es ganz viele Töpfe in ihrem Gewächshaus mit leckerem Gemüse zu bepflanzen, von dem man das ganze Jahr über etwas hatte. Mitti half seiner Frau dabei immer sehr gerne, genoss es aber auch, gemütlich in den ersten warmen Sonnenstrahlen zu sitzen.

Am heutigen Nachmittag war es bereits sehr angenehm warm, die Luft duftete nach Kirschblüte und von überall konnte man Vogelstimmen singen und zwitschern hören. Ein sanfter Wind umspielte die Bäume und Unki und Mitti haben es sich gerade auf ihrer Terrasse gemütlich gemacht. Mogli streunte etwas durch ihren Garten, bis hin zum Mohnblumenfeld, das sich daran anschloss. Der Märchenbus vom letzten Weihnachtsfest stand in freudiger Erwartung auf die nächsten Erlebnisse vor ihrem Haus.

Plötzlich ein lautes Quietschen. Die beiden wurden aus ihrer Nachmittagsruhe gerissen. Noch bevor sie sich auch nur vor ihr Haus begeben konnten, war die Navigeule schon zu ihnen geflogen. Ganz sanft nahm sie auf den Terrassengeländer ihren Platz ein. Unki und Mitti schauten sie verdutzt an und waren zunächst sprachlos.

„Guten Tag, werte Herrschaften. Entschuldigen Sie bitte die Störung, aber wir bekommen in einer dringenden und geheimen Mission. Ich hoffe, Sie finden ein paar Minuten unser freundliches Gehör und sind auch gerne bereit, ein paar Fragen zu beantworten.", begann Antasi zu sprechen und schaute dabei Mitti und Unki mit einem eindringlichen Blick an.

„Ja.", stammelte Mitti vor sich hin. Mogli entging diese Situation auch nicht und er rannte quer durch den Garten zu seinen beiden. „Wer sind denn wir?", fragte

Unki dann sogleich hinterher. „Ja, genau und wer sind Sie überhaupt?", schoss es aus Mitti heraus.

„Oh, entschuldigen Sie bitte. Gestatten: Antasi, ich bin die Navigeule und treue Begleitung vom weltbekannten Meisterdetektiv Willibert Wiesel.", antwortete die Eule sogleich „Willibert, wer?", fragte Unki.

„Willibert Wiesel – keiner weiß es, ich weiß es!", konnte man nicht unschwer aus dem Hintergrund vernehmen. Mitti und Unki drehten sich in die Richtung der Stimme und sahen zugleich ein kleines Wiesel, das wie ein echter Detektiv gekleidet war, vor sich stehen.

„Gestatten, Willibert Wiesel und bitte nochmals vielmals um Verzeihung für die Störung. Wir sind in einem Ermittlungsauftrag von Herrn Lebkuchen und Frau Zimtstern aus der Lebkuchengasse unterwegs. Ich nehme an, Sie kennen die beiden.", begann er weiter zu sprechen.

„Na klar, Lunelli und Zetha. Die haben wir letztes Jahr an Weihnachten besucht.", ergänzte Unki sogleich. „Ja, genau darum geht es. Sie waren zu Besuch bei Ihnen. Jetzt fehlt Herrn Lebkuchen sein Lebkuchen-Rezeptbuch und er steht mit seiner wohl bekannten Lebküchnerei fast vor dem Aus. Haben Sie das Buch vielleicht mitgenommen? Vielleicht ganz aus Versehen?", fragte Willibert und nahm dabei seine überdimensionale Lupe in die Hand, um erste Spuren auf der Terrasse und drumherum zu sichten.

„Also hören Sie mal, Herr Wiesel, Lunelli und Zetha sind unsere Freunde. Wir hatten ein sehr schönes Weihnachtsfest in der Lebkuchengasse. Denken Sie ja nicht, dass wir das Rezeptbuch genommen haben. Was für eine unhaltbare Unterstellung, schämen Sie sich!", beschimpfte Mitti den Gast und bekam dabei apfelrote Ohren. Auch Unki wurde inzwischen ziemlich wütend und setzte ihren motzigen Blick auf.

„Also, meine Herrschaften, nun beruhigen Sie sich doch wieder. Ich habe doch nur eine Vermutung ausgesprochen, keine Verdächtigung.", beschwichtigte Willibert Wiesel die Situation wieder.

„Ist Ihnen vielleicht in den letzten Monaten irgendetwas aufgefallen? Gab es kuriose Momente, die Sie so vielleicht an dieser Stelle erzählen können?", fragte er die beiden neugierig weiter.

Eine Zeit des Schweigens folgte. Noch immer wärmte die Frühlingssonne und der leicht wehende Wind erfrischte. „Aber, wenn Sie uns so fragen, Herr Wiesel. Ja, aber es gab schon etwas, aber das ist eine längere Geschichte."

„Kein Problem. Wir haben Zeit, wir wollen Herrn Lebkuchen aber auch bald erste Informationen zukommen lassen."

„Vielleicht wollen Sie etwas mit uns trinken. Wir haben Kräutertee mit Apfelsaft gemischt.", schlug Unki wieder freundlich gestimmt vor.

„Sehr gerne und jetzt beruhigen Sie sich bitte wegen vorhin. Ich wollte Sie beim besten Willen nicht kränken."

Mitti gab den beiden Besuchern etwas von dem leckeren Tee. Auch Antasi konnte von dem leckeren Tee etwas trinken, sie hatte stets ihren Spezial-Strohhalm mit dabei.

„Nachdem wir nach den Feiertagen aus der Lebkuchenkasse wieder nach Hause gefahren sind, war zunächst alles wie immer. Mein Mann Mitti wollte den Märchenbus reinigen und aufräumen, bis wir festgestellt haben, dass wir den Schlüssel nicht mehr finden. Hätten wir nicht unseren treuen Mogli, dann wäre wahrscheinlich noch bis heute der Schlüssel zum Märchenbus nicht mehr aufgetaucht. Einige Tage nach unseren verzweifelten Suchaktionen brachte dieser nämlich den Schlüssel wieder zu uns in seiner Schnauze zurück. Dabei war Mogli auch ganz aufgeregt, denn bei seinem täglichen Rundgang durch unseren Garten und dem Mohnblumenfeld hat der urplötzlich eine mysteriöse Gestalt ausfindig gemacht. Herr Wiesel, Sie werden es kaum glauben, aber es war tatsächlich ein Pinguin.

Mogli erschreckte den kleinen Räuber derart, dass er den Schlüssel für den Märchenbus wieder fallen ließ und gab unserem Hund die Möglichkeit, ihn uns wieder zu bringen."

„Wie, das ist ja interessant und weiter?"

„Naja, dann haben wir aufgeräumt und sauber gemacht und wollten den Bus überprüfen lassen. Sie wissen ja, Inspektion usw."

„Ja und dann. Was war denn dann?", fragte Willibert Wiesel ganz aufgeregt und auch die Navigeule flog wie aufgebracht um Mogli herum, der immer wieder versuchte sie einzufangen. Doch leider vergebens. Obwohl Mogli clever war, war die Navigeule ein bisschen geschickter und spielte dem kleinen Hund immer wieder einen Streich.

„Wir wollten gerade zur Werkstatt fahren, da machte sich der Märchenbus selbstständig. Einfach so, weder Mitti, noch ich konnten diesen steuern, dass er zur Werkstatt fuhr. Wissen Sie, wo wir hingefahren sind?", fragte Unki den sichtlich verwundeten Meisterdetektiv. Ein breites Kopfschütteln gab es zur Antwort.

„Wir kamen so zur Kuh Elsa auf ihre Weide. Sie wissen schon, die Kuh, die sich vom Nikolaus im letzten Jahr einen quietschgelben Friesennerz wünschte."

„Ja und was war weiter?", fragte Willibert Wiesel und machte sich in seinem großen Notizbuch erste Aufzeichnungen.

„Können Sie etwas zur Kuh Elsa sagen?"

„Inzwischen wurde ihr Wunsch zum Trend von allen anderen Kühen. Stellen Sie sich vor, wie das aussieht, überall in der Landschaft nur noch gelbe Kühe. Wie verrückt."

„Keiner weiß es, ich weiß es", kam es von Willibert Wiesel zur Antwort, während er genüsslich von dem leckeren Tee trank.

„Nun ja und das Ende war: Wir kamen dann schon noch zu unserer Werkstatt. Eins war auf dem ungeplanten Weg zur Kuh Elsa dann aber noch sehr merkwürdig, Herr Wiesel. Wir haben ein leichtes Kribbeln im Genick gespürt und plötzlich roch es ganz stark nach Lavendel in unseren Märchenbus.", ergänzte Unki ihre Erzählung.

„Das ist ja interessant. Darf ich mir den Märchenbus einmal genauer ansehen?", fragte Willibert Wiesel und hoffte dabei insgeheim, dass er diesen gezeigt bekommt. „Sehr gerne. Kein Problem. Kommen Sie mit uns.", lud Unki umgehend den Meisterdetektiv zu einer direkten Besichtigung des Märchenbusses ein. Willibert Wiesel nahm seine alte Sofortbildkamera aus seiner Tasche und machte einige Fotografien vom Märchenbus.

Die Navigeule umflog das Gefährt und suchte auch nach weiteren Spuren. Im Inneren des Busses analysierte der Detektiv mit geradezu meisterhafter Präzision alles, was nicht niet und nagelfest war. Manchmal reichte die Megavergrößerung seine Lupe nicht aus, sodass er die integrierte Beleuchtung dann noch einschalten musste. Wieder nichts zu entdecken.

„Aber hier riecht es doch immer stark nach Lavendel", überkam es ihn plötzlich. „Sie sagten doch, dass das alles schon eine ganze Weile her ist. Komisch, oder?" fuhr Willibert Wiesel fort.

„Recht haben Sie, Herr Wiesel. Das können wir uns auch nicht so richtig erklären.", ergänzte Mitti seine Vermutung.

„Moment noch bitte. Das Handschuhfach hier ist nicht richtig geschlossen. Ich möchte, dass ich alles hier in Ordnung verlasse.", ergänzte der Meisterdetektiv während Antasi draußen schon wieder mit Mogli Fangen spielte. Die Frühlingssonne neigte sich langsam dem Horizont nach unten und die herannahende Nacht begrüßte sich Minute um Minute. Willibert Wiesel ließ sich beim besten Willen nicht die Ruhe nehmen und plötzlich, als dass als er das Handschuhfach schließen wollte, geschah folgendes: „Da ist doch was. Ich sehe es ganz genau." Vorsichtig zog er ein zweites weißes Puzzleteil aus dem Fach und dachte so vor sich hin:

„Genau wie bei Herrn Lebkuchen und Frau Zimtstern. Das ist ja merkwürdig."

Mitti und Unki schauten sich nur fragend an und schließlich: „Herr Wiesel, haben Sie noch etwas Zeit? Wir machen heute Abend einen leckeren Gemüseeintopf und haben bestimmt eine Portion für Sie übrig.", fragte Unki ihren nach wie vor seltsamen Gast.

„Prima Idee. Detektive sind immer im Dauereinsatz und haben selten die Chance auf ein warmes Essen. Bei uns gilt immer: Wenn die Pflicht ruft, dann folgen wir so schnell es nur geht."

Wenige Augenblicke später saßen Unki und Mitti zusammen mit dem Meisterdetektiv an ihrem großen Tisch im Wohnzimmer und wollte sich gerade aus dem großen Topf etwas von dem Gemüse nehmen. Ein Duft von frischen Kartoffeln, Möhren, Erbsen und vielen weiteren Leckereien erfüllte den ganzen Raum.

Die Navigeule saß draußen im Garten in der großen Rotbuche gleich neben dem Märchenbus und machte sich von den anstrengenden Ermittlungen des Tages einen angenehmen Abend und ruhte sich aus. Mitti nahm den ersten Löffel des Eintopfes, als er kräftig zu niesen begann.

„Ha, ha, hatschi. Ha, ha, hatschi!" Es war so herzergreifend, dass Mogli sofort zu Mitti eilte, weil er doch genau wissen wollte, was da vor sich ging.

Aber auch Unki und Willibert überkamen auf einmal komische Geräusche. Unki bekam Schluckauf, während Willibert sich sie ständig juckte.

„Also, wie kommt das jetzt?", konnte Mitti gerade noch so fragen. „Weiß ich auch nicht.", versuchte Unki zur Antwort zu geben.

„Vielleicht sollten wir mal etwas trinken?", fragte Unki. „Gute, hicks, Idee, hicks.", stammelte Mitti und holte frisches Wasser mit Pfefferminzblättern.

Doch auch das Wasser nutzen leider nichts. Während Mitti weiter unaufhörlich nieste, hatte Unki Schluckauf und dem Meisterdetektiv juckte es weiter kräftig hinter seinen Ohren. Das Wasser machte die ganze Situation noch schwerer, denn es kam hinzu, dass alle unaufhörlich lachten. War schon ein komischer Moment, wenn man dabei zusah und wie es der Zufall will, hatten die drei auch wirklich einen unsichtbaren Zuschauer.

Zirini machte es sich in seinem Ohrensessel gerade so richtig gemütlich und schaute mit seinem leicht verschmitzten Blick durch seinen Spiegel auf das Schauspiel. Als er das lustige Treiben von Unki, Mitti und Willibert zusah, dachte er nur: „Selber schuld, meine Lieben. Hättet ihr lieber kein Gemüse gegessen.

Die Kartoffeln bringen doch den Kartoffelschnupfen, wo man ständig niesen muss. Jedes Kind weiß doch außerdem, dass Erbsen den sogenannten Erbsenschluckauf bringen und Kartoffeln für das Jucken hinter den Ohren verantwortlich sind. Ha, ha, ha…" Dieses schallende Gelächter überkam den großen Zaubermeister. Es war so laut und so heftig, dass er davon erschrocken war. Weiterhin dachte Zirini mit leichter Wut vor sich hin:

„So einen Mist, auf den Sepp ist auch kein Verlass mehr. Sich von einem kleinen Hund erschrecken zu lassen. Lächerlich und danach auch den Schlüssel zum Märchenbus zu verliehen. Ich bin entsetzt! Hoffentlich erfüllt er seine nächste Mission bei Herrn Hansemann und bei Frau Ganzgenau wenigstens.", brummelte der Zauberer so vor sich hin.

„Morgen fahren wir zu Gertrude Ganzgenau und Herrn Hansemann zurück in die Lebkuchengasse. Dort suchen wir weiter nach dem besonderen Buch von Herrn Lebkuchen.", verabschiedete sich Willibert Wiesel von seinen Gästen an diesem sehr schönen Abend.

Ausgeruht und mit frischem Elan machten sich die beiden Spürnasen am nächsten Tag auf weitere Suche und Ermittlung zum Verschwinden des Rezeptbuches.

Auch heute war es wieder ein wunderschöner, warmer Frühlingsmorgen. Bereits zu ganz früher Stunde, an dem der Himmel hellrot erleuchtet war, bereitete sich die Navigeule und der Meisterdetektiv Willibert Wiesel erneut zum Start in die Lebkuchengasse vor. Schließlich machten sie Halt bei Herrn Hansmann und Gertrude Ganzgenau, die weiterhin den liebevolle gestalteten Spielzeugladen betrieben, der zu dieser Zeit frühlingshaft eingerichtet war. In den beiden Schaufenstern haben neben wunderschönen nostalgischen Spielsachen auch eine Vielzahl von Blumen ihren Platz gefunden. Gertrude Ganzgenau hat alles in sanften Pastellfarben dekoriert. Vor der alten Eingangstüre standen zwei Pflanztröge mit den buntesten Tulpen. Herr Hansemann hat es bisher noch immer nicht geschafft, die Türe zu seinem Ladengeschäft zu reparieren, damit diese richtig schließt. Für den Meisterdetektiv und der Navigeule also ein Kinderspiel, zunächst einmal unbemerkt in den Laden zu gelangen und sich in Ruhe umzusehen.

Antasi flog etwas unvorsichtig durch den Raum und löste so einen wirklich sehr ungewöhnlichen Bewegungsmelder aus. Ein alter Papagei aus Papiermache begann urplötzlich zu sprechen: „Willkommen, willkommen in unserem schönen Märchenpark.

Da freue ich mich aber, dass ihr gekommen seid. Ich bin die Lora. Guten Tag, guten Tag!"

Es dauerte so nicht lange und Herr Hansemann kam aus der dem Laden anschließenden Wohnstube hervor. Ziemlich verwundert war dieser über das Bild, das sich ihm gerad bot. Freundlich begrüßte er seine ungewöhnlichen Kunden: „Guten Tag, was führt Sie denn zu mir in meine gute Stube?", fragte der Händler sogleich.

„Guten Tag, Sie müssten Herr Hansemann sein, wenn ich mich richtig erinnere", begann Willibert Wiesel und erntete ein freundliches Nicken von dem älteren Mann, der seinen Laden schon eine gefühlte Ewigkeit in der Lebkuchengasse hatte.

„Also, gestatten: Willibert Wiesel und meine persönliche Assistenz, die Navigeule Antasi. Freut mich, Sie kennenzulernen, Herr Hansemann. Wissen Sie: Keiner weiß es – ich weiß es! Und gleich habe ich eine wichtige Frage an Sie: Kennen Sie Herrn Lebkuchen und Frau Zimtstern? Sie haben auch ein Geschäft, nicht weit von Ihrem Laden entfernt. Die weltberühmte Lebküchnerei mit Leckereien rund um das Weihnachtsfest. Wissen Sie, warum ich frage? Nun ich will es gleich vorwegnehmen: Herrn Lebkuchen ist gerade ein echtes Missgeschick passiert. Sein Rezeptbuch ist von jetzt auf gleich verschwunden.

Weg, einfach so und wir sind nun auf der Suche da-
nach.", erzählte Willibert Wiesel weiter und blickte
durch seine große Fliegerbrille, die er immer beim Au-
tofahren aufsetzte und dieses Mal aus lauter Übereifer
noch trug. Noch bevor Herr Hansemann auch nur ein
Wort sagen konnte, zückte der Meisterdetektiv seinen
Notizblock und Stift und begann mit seinen weiteren
Fragen.

„Herr Hansemann, wo waren Sie im Zeitraum von…"

„Moment mal, was soll der Unsinn? Wollen Sie mich
etwa verdächtigen, dass ich etwas mit dem Verschwin-
den des Rezeptbuches zu tun habe? Lunelli und Zetha
sind langjährige Freunde von uns. Wir würden so was
niemals machen. Aber wenn ich jetzt genau nachdenke,
dann ist das eine echte Katastrophe für uns alle in der
Lebkuchengasse. Die Lebküchnerei künftig ohne die
weltbesten Lebkuchen! Gertrude, Gertrude, kommst du
mal bitte schnell zu mir. Es ist echt dringend!", rief Herr
Hansemann durch den Raum.

Jetzt konnte Willibert Wiesel einmal nichts gleich da-
rauf sagen, weil er von dieser Reaktion mehr als über-
rascht war. Antasi hat sich inzwischen auf einem der ho-
hen Regale niedergelassen und betrachtete die nostalgi-
schen Spielsachen aus nächster Nähe.

„Du hast gerufen, Liebster?", hörte man kurze Zeit später aus dem Hintergrund und einen Augenblick später stand Gertrude Ganzgenau auch im Spielzeuggeschäft.

Herr Hansemann erzählte ihr die Geschichte vom gestohlenen Rezeptbuch Lunellis. „Das ist ja schrecklich! Der arme Herr Lebkuchen. Eine echte Katastrophe für ihn und uns allen in der Lebkuchengasse.", überkam es Gertrude voller Entsetzen, als sie sich die ganze Situation nochmals vor Augen führte.

Schließlich kam Willibert Wiesel auch wieder zu Wort: „Also, Sie haben auch keine Ahnung, wo sich das Rezeptbuch befinden könnte. Lassen Sie mich trotzdem hier eine andere Frage stellen: Haben Sie seit dem letzten Weihnachtsfest irgendetwas Merkwürdiges feststellen können?", fragte der Meisterdetektiv und steckte sich dabei seinen riesigen Bleistift hinter seine Ohren.

„Uh, da war sehr viel los. Was wollen Sie denn nun genau wissen? Wo sollen wir denn anfangen?", fragte Gertrude Ganzgenau zurück und schaute Willibert Wiesel mit einem skeptischen Blick an.

„Kommen Sie doch bitte mit in unsere Wohnstube. Dort ist es viel gemütlicher und wir können ungestört sprechen. Ich schließe nur den Laden und hänge einen Hinweis vor die Türe.", sagte Herr Hansemann zum Detektiv, der seine Aufforderung gerne folgte.

Wenige Augenblicke später saßen Herr Hansemann mit Gertrude Ganzgenau und Willibert Wiesel zusammen in der Wohnstube, während die Navigeule ein kleines Nickerchen eingelegt hat.

„Also, Herr Wiesel: Gertrude und ich haben immer wieder merkwürdige Geräusche im Spielzeugladen gehört, aber jedes Mal, wenn wir nachgeschaut haben, war niemand da und nichts war richtig verändert. Doch eines Abends, es war der Tag vor dem Valentinstag, da geschah etwas ungeheures: Wie an jedem Abend vor Ladenschluss wollten Gertrude und ich noch einmal eine kleine Runde durch das Geschäft machen, um zu sehen, ob das Licht aus ist und die Türe geschlossen ist. Da war immer wieder ein seltsames Geräusch, doch dieses Mal noch viel lauter und länger als sonst. Mit leichtem Herzklopfen und zittrigen Händen gingen wir also noch mal in den Laden und dann! Herr Wiesel, Sie können es sich nicht vorstellen!"

„Doch kann ich mir schon, denn keiner weiß es, ich weiß es."

„Moment bitte – also, wir betreten den Laden und alles steht auf dem Kopf alles, was wir so liebevoll dekoriert haben ist urplötzlich am Boden bzw. an der Decke.

Und, werter Herr Meisterdetektiv: Unsere Spielzeuge spielen von selbst! Die Puppen tanzen, die beflockten

Tiere sind aufgezogen, aber auch alles andere ist in wildester Aufregung. Das hat sich noch ein paar Mal wiederholt, denn immer, wenn wir den Laden richtig betreten haben, war alles sofort wieder in vollkommener Ordnung."

„Also, Sie sind in den Laden und alles war ruhig? Sie gehen raus oder stehen am Eingang und alles spielt verrückt?", fragte Willibert Wiesel noch einmal mit Nachdruck.

„Genau, Herr Wiesel. Was dann aber noch viel merkwürdiger war, ist die Tatsache, dass sich die Zeit verstellt hat."

„Wie meinen Sie das?", bittet der Detektiv um genauere Auskunft.

„Nun ein Beispiel: Wir beide gehen aus dem Laden, um zu schauen, ob es jemanden gibt, der das alles angerichtet hat. Plötzlich sieht die Lebkuchengasse ganz anders aus. Es gab nur Oldtimer, die Menschen tragen komische Kleidung und vor allem sehen wir nur noch schwarz-weiß. Also wieder rein in unser Spielzeuggeschäft, ein neuer Versuch. Wieder raus: Jetzt flogen uns Ufos entgegen und die Menschen trugen rote Helme und hatten gelbe Rucksäcke auf dem Rücken.

Welche Horrorvorstellung, verstehen Sie?", erzählte Herr Hansmann weiter.

„Gemach, gemach, meine werten Herrschaften. Sie haben nur beim Verlassen Ihres Geschäftes einen Zeitsprung gemacht.", versuchte Willibert Wiesel die beiden zu beruhigen und machte weitere Notizen in sein überdimensionales Notizbuch.

„Das war aber noch nicht alles.", fuhr Gertrude Ganzgenau fort. „Also, wir haben da noch einen schmerzlichen Verlust zu vermelden.", überkam es der Gräfin mit leichten Tränen.

„Wir, schnief, haben unseren Eli verloren." Mehr konnte Gertrude in diesem Moment nicht sagen, da sie vollends in Tränen ausgebrochen war. Herr Hansemann versuchte sie zunächst zu beruhigen und erzählte einige Zeit später weiter: „Unser Eli, werter Herr Wiesel, ist nämlich eine ganz besondere Erfindung und hat uns im letzten Weihnachtsfest und auch die anderen Menschen auf der Welt überall glücklich gemacht. Dieser ist auch ein Symbol unserer Verbundenheit. Ihr haben bei einer dieser furchtbaren Momente am Geschäftsverdrehen den Esel verloren und bisher nicht wiedergefunden. Schauen Sie mal, Herr Wiesel.", berichtete Herr Hansmann und führte Willibert zur Kasse.

„Hier sitzt normalerweise unser Eli und ist ein treuer Begleiter. Weder Gertrude noch ich haben ihn jemals im Laden wiedergefunden. Plötzlich lag das hier."

Herr Hansmann zog aus einem Schubfach ein weißes Puzzleteil mit einer grauen Rückseite. Willibert Wiesel nahm ganz hektisch das Teil und betrachtete es erneut durch seine riesengroße überdimensionale Lupe.

„Das ist ja interessant. Jetzt haben wir also ein drittes Teil. Nun…", murmelte der Meisterdetektiv weiterhin vor sich hin.

„Wie ein drittes Teil? Herr Wiesel, sagen Sie uns endlich bitte, was hier vor sich geht. Haben Sie eventuell das Rezeptbuch von Lunelli und spielen uns selbst nur einen bösen Streich?", fasste sich Gertrude ein Herz, als sie sich wieder von ihrer Weinattacke beruhigt hatte.

„Wie bitte? Nein, nein! Ich bin doch kein Dieb, mit Verlaub, meine werten Herrschaften.", rechtfertigte sich der Detektiv sogleich. Ein bisschen ging das Gespräch zwischen dem Meisterdetektiv und den beiden noch weiter, wobei sich Willibert noch etliche Notizen machte.

Gerade wollte er zu einer weiteren entscheidenden Frage ausholen, als sein Notizbuch, sein großer Bleistift und seine Megalupe plötzlich durch die Luft flogen. Antasi versuchte alles möglichst wieder einzusammeln und es ihrem Chef Willibert Wiesel zu geben.

Noch etwas verdutzt, aber ohne weiter nachzudenken, fragte er schließlich noch mehr nach: „Haben Sie bei alledem noch etwas festgestellt, meine Lieben?"

„Ja, zu der Zeit, als unser Esel Eli verschwunden war, stand der Laden wieder auf dem Kopf und als das ominöse Puzzleteil auftauchte, roch es ganz intensiv nach Lavendel.", ergänzte Herr Hansemann die Informationen.

„Also, auch wieder. Muss ich mir mit notieren.", kommentierte Willibert die Worte von Herrn Hansmann.

Währenddessen begab sich zur gleichen Zeit an einem anderen Ort der Zauberer Zirini in seinen ersten Stock, um durch sein Dachfenster das unendlich lange Teleskop auszufahren, damit er dadurch alles genau miterlebte. Der Zauberer rieb sich die Hände und auch seine Augen, wobei er so vor sich hinsprach: „Ja, den Eli, meine Guten, den Eli habe ich hier bei mir und da bleibt dieser auch zunächst. Auf meinen Pinguin Sepp ist also doch Verlass."

Willibert Wiesel verabschiedete sich von Herrn Hansmann und Gertrude Ganzgenau und gab Ihnen seine Visitenkartenkarte für alle Fälle.

Gemeinsam mit seiner Navigeule machte er sich auf den Weg zur nächsten Station, die aber nicht so einfach zu erreichen war.

„Sag mal, Antasi, hast du eine Ahnung, wo sich der Weihnachtsmann in seiner Urlaubszeit aufhält? Jetzt nach dem Osterfest im Frühjahr muss er sich doch sicherlich erholen?!", überlegte Willibert so vor sich hin und wartete gespannt auf die Antwort seiner Navigeule.

„Ich muss mal ganz genau überlegen, werter Meister. Nun, ich sehe eine Insel – weit weg von hier. Auf der Insel stehen unzählige Weihnachtsbäume, die alle geschmückt sind. Dann sehe ich ein kleines, nettes Haus mit einer Terrasse und und..." „Was und? Nun sag schon weiter, meine Navigeule."

„Willibert, ich sehe auch den Weihnachtsmann Ronny, der gerade ein Nickerchen in seinem Liegestuhl macht und daneben eine Glühweinschorle mit Zimtaroma stehen."

„Wie weit ist der Weg dorthin?"

„Gute Frage. Einen Moment. Ich glaube, ich habe eine Ahnung, wie wir fahren. Nein, besser, wir müssen fliegen, Herr Meisterdetektiv.", erzählte Antasi weiter.

Willibert Wiesel war zwar kein Freund vom Fliegen, aber in seinem Spezialauto war das kein Problem für ihn. Der Detektiv nahm noch ein paar Kekse als Proviant mit und bestieg sein knallbuntes Auto.

Willibert machte sich startklar und setzte seine Fliegerbrille auf, während sich Antasi nochmals ein paar Minuten zurückzog, um sich die genaue Route zu durchdenken.

Schließlich: „Keiner weiß es, ich weiß es! Antasi – ich bin bereit.", rief Willibert voller Tatendrang und wartete auf seine Navigeule. Antasi folgte ihrem Chef ganz brav und nahm auf dem Beifahrersitz Platz. Gut angeschnallt, neben der Fliegerbrille noch einen Sturzhelm auf dem Kopf, drückte Willibert Wiesel den Startknopf.

Sein VW-Käfer hob sich gemächlich in die Lüfte und Antasi begann den Weg zu leiten. Ihr Flug ging über viele Berge und Täler. Durch die Einmaligkeit der Landschaft vergaß Willibert schnell seine Höhenangst und genoss den Blick, der sich ihm und seiner Navigeule bot. Einige Zeit später wurden die Täler immer weniger und die Landschaft flacher. Ein Meer begann sich zu entfalten und soweit das Auge reichte schließlich nur noch ein tiefer Blauton.

„Willibert, mein Chef und Meister, wir sind bald am Ziel unserer Reise. Nur noch wenige Meter und wir können uns mit Ronny treffen.", verkündete die Navigeule siegessicher.

„Keiner weiß es, ich weiß es. Wir werden dann gleich mit den Ermittlungen in Sachen gestohlenes Lebkuchenrezeptbuch weitermachen. Es kann doch nicht angehen, dass wir so wenig Anhaltspunkte haben und uns die Zeit davonläuft.", antwortete Willibert mit einer großen Portion Optimismus.

Und so kam es dann auch. Die Navigeule brachte Willibert Wiesel mit seinem Spezialauto sicher ans Ziel zum Weihnachtsmann Ronny.

„Hallo, entschuldigen Sie bitte die Störung. Sie sind doch der Weihnachtsmann, wenn ich mich nicht irre.", begrüßte der Detektiv ihn freundlich. Etwas schlaftrunken gab dieser zur Antwort: „Oh, guten Tag. Ich habe Sie gar nicht kommen hören. Ja, ich bin der Weihnachtsmann, Ronny. Freut mich, Ihre Bekanntschaft zu machen. Was führt Sie denn auf die Weihnachtsbauminsel?", wollte der Weihnachtsmann gerne wissen.

„Guten Tag erst einmal. Darf ich vorstellen: Das ist meine Navigeule Antasi und ich, Willibert Wiesel. Wir sind im Auftrag von Herrn Lunelli Lebkuchen und Frau Zetha Zimtstern unterwegs. Diese sind Ihnen sicherlich bekannt, oder?", fragte Willibert und holte wiederum sein Ermittlungsblock mit seinem riesigen Stift hervor.

„Aber klar, meine beiden Freunde aus der Lebkuchengasse. Die kenne ich schon seit Jahren und immer zur Weihnachtszeit..."

„Ja, genau, entschuldigen Sie die Unterbrechung, Herr Weihnachtsmann, wie oft und wie lange haben Sie

Herrn Lebkuchen besucht?", unterbrach Willibert Wiesel das Erzählen von Ronny.

„Nun ja, ich war ganz oft dort. Ich brauchte ja auch immer wieder neue Lebkuchen für die unzähligen Geschenke, die ich verteilen durfte. Herr Wiesel, die Lebkuchen sind ein echtes Gedicht. Könnte ich das ganze Jahr lang essen. Zu köstlich aber auch.", schwärmte Ronny so vor sich hin und strich sich genussvoll über seinen Bauch.

„Sie wissen nicht, wo das Lebkuchenrezeptbuch von Lunelli geblieben ist. Das ist nämlich spurlos verschwunden! Weg und klar, da muss ich jedem Hinweis nachgehen. Ist das Rezeptbuch vielleicht ganz zufällig in einem ihrer Weihnachtssäcke gelandet? Sie haben auch noch nichts zu befürchten, aber…"

„Was aber? Wieso, ich bin doch der Weihnachtsmann und kein gemeiner Dieb. Ich würde doch niemals einfach so etwas mitnehmen. Meine Ehre würde ja auf dem Spiel stehen.", rechtfertigte sich Ronny und war mittlerweile so aufgeregt, dass seine Sonnenbrille ganz schräg auf der Nase saß. Das sah echt lustig aus: Der Weihnachtsmann in kurzen roten Hosen mit einem dunkelroten T-Shirt, seinem wuscheligen Vollbart und eine schwarze Sonnenbrille. Sein Gegenüber, der Meisterdetektiv, der auf der Weihnachtsbauminsel infolge der heißen Temperaturen in seinem Detektivoutfit sichtlich schwitzte.

Willibert Wiesel erfuhr, dass es auch bei Ronny die eine oder andere merkwürdige Situation gab, seitdem er seinen Jahresurlaub auf der Insel machte. Auch bei ihm verschwanden immer wieder Dinge und tauchten erst Tage später wieder an anderer Stelle auf. Von seiner Mütze angefangen hin zu seiner Rute, aber auch die bereits begonnene Wunschliste für das neue Weihnachtsfest.

„Eines habe ich dann nicht mehr gefunden, Herr Wiesel, meinen kleinen Vorrat an rot-weißen Zuckerstangen. Die mag ich das ganze Jahr über und deshalb möchte ich sie auch während meines Urlaubs genießen."

„Wie kam es, dass sie verschwunden sind?", fragte der Detektiv ganz vorlaut und machte sich wieder einige Notizen.

„Eines nachmittags, ich glaube es war gegen 16:30 Uhr, kam ein unvorhergesehener Wind und wirbelte meine Aufzeichnungen und Planungen für das nächste Weihnachtsfest vollkommen durcheinander. Ich war so damit beschäftigt, bis ich alle meine Notizzettel wieder sortiert hatte, dass ich das Verschwinden der Zuckerstangen gar nicht erst bemerkte.", erläuterte Ronny dem weiterhin aufgeregten Meisterdetektiv die kuriose Situation.

„Haben Sie auch nichts vergessen zu erzählen, Herr Weihnachtsmann?"

Willibert Wiesel forderte diesen auf, noch mal alles genau zu durchdenken. Ronny begann zu überlegen. „Da war noch etwas: Während des starken Windes roch alles stark nach frischem Lavendel. Ich liebe diesen Duft, es war fast schon betörend für mich. Erst der Wind, dann das Zettel Chaos und schließlich dieser wohlriechende Duft.", schwall es nur so aus Ronny heraus.

Willibert Wiesel machte sich eifrig Notizen, während die Navigeule das Gebiet um das kleine Haus des Weihnachtsmanns in überragender Präzision umflog. Nach einiger Zeit entdeckte Antasi ein weiteres Puzzleteil nicht weit von der Sommerresidenz des Weihnachtsmannes entfernt. Zugleich flog sie zu ihrem Chef und Meister und sagte: „Werter Meister, auf eine Minute.", rief Antasi schon von weitem.

Die Eule flog immer heftiger und schneller, wobei sie das gefundene Puzzleteil, das sie fest in ihren Krallen hatte, fast wieder verloren hätte.

„Was hast du denn, Antasi?", fragte der inzwischen aufgebrachte Detektiv. Willibert Wiesel staunte nicht zu Unrecht, als er ein weiteres Puzzleteil in den Händen hielt. „Ich werde nicht schlau. Vier Puzzleteile, viermal Lavendelduft, keiner weiß, wo das Rezeptbuch ist und keiner kann auch nur einen Anhaltspunkt zur Lösung meines Problems sagen. Keiner weiß es ich weiß es! Lieber Ronny: Gibt es denn noch mehr Freunde und Bekannte von Lunelli Lebkuchen und Zetha Zimtstern? Unsere Ermittlungsliste ist nämlich schon ziemlich abgearbeitet. Antasi und ich sind schon einige Zeit unterwegs, wir haben aber nur diese genannten Anhaltspunkte."

„Herr Wiesel, darf ich Sie beruhigen. Sie sind ein echter Profi auf Ihrem Gebiet. Da gibt es bestimmt noch einige neue Indizien, an die Sie bisher nicht gedacht haben. Auch die klügsten Köpfe brauchen mal eine Pause. Wenn Sie wollen, machen Sie doch ein paar Tage hier mit mir Urlaub. Die Weihnachtsbauminsel ist wirklich ganz was Besonderes und die Glühweinschorle nach meinem Hausrezept ist auch nicht zu verachten.", schlug Ronny seinem Gast vor.

Willibert Wiesel nahm sein Angebot trotz der Dringlichkeit seiner Ermittlungen dankend an. Doch die Ruhe und Erholung hielt nicht lange an, da Ronny kurze Zeit später von seinem langjährigen Freund Schnobi Schneebär eine wichtige Nachricht erhielt.

„Lieber Ronny, bitte komm, so schnell es geht, zu mir. Meine Schneemaschine ist wohl defekt. Letzten Winter habe ich sie noch so gut es ging nutzen können, aber für die nächste Saison sehe ich echte Probleme. Bitte hilf mir, mein Freund. Erst, wenn alles wieder läuft, werde ich meinen Jahresurlaub machen können. Dein Schnobi Schneebär."

Im vollsten Genuss einer übrig gebliebenen Zucker-stange lehnte sich der Zauberer Zirini in seinem Ohren-sessel zurück. „Ha, ha, ha, ha, ihr wisst also noch immer nicht, wo das Rezeptbuch ist? Zu dumm aber auch. Aber was für eine Leckerei! Ich liebe Lebkuchen und Zucker-stangen. Die schmecken ganz besonders gut.", schmun-zelte der Zauberer vor sich hin, als er die Geschichte mit Willibert und Ronny über seinen Zauberspiegel mit größter Neugier beobachtete.

„Mein Kollege, der Pinguin Sepp, ist ja wirklich ein schlaues Kerlchen. Bringt alles fein säuberlich auf mei-ner Wunschliste mit. Ich denke, er bekommt eine Beförderung zu seinem Geburtstag in den nächsten Wochen."

Als Ronny die Meldung von seinem von Freund Schnobi las, war dieser außer sich: „Die Schneemaschine kaputt! Was für eine schreckliche Vorstellung. Keinen Schnee mehr im Winter. Nein, nein, nein! Ich muss Schnobi helfen!", rief Ronny. Jedenfalls war er so laut, dass auch die Navigeule gleich zu ihm geeilt kam, um zu sehen, ob noch alles mit dem Weihnachtsmann in Ordnung war.

„Ronny, Ronny, was ist denn los?", rief Willibert ganz außer Atem. Der Weihnachtsmann erzählte ihm die kleine Geschichte und die beiden haben den Entschluss gefasst, dass sie gemeinsam zu Schnobi Schneebär fahren, um ihm bei der Reparatur der Schneemaschine zu helfen. Wo Ronny war, war auch sein treuer Begleiter, Little Blitz Speedy nicht weit. So kam es, dass die beiden zusammen mit der Navigeule Antasi auf Little Blitz Speedy zu Schnobi Schneebär flogen. Das Auto von Willibert Wiesel ließen sie zunächst auf der Weihnachtsbauminsel zurück.

Das kuriose war, dass Schnobi Schneebär nämlich inmitten von Wolken lebte, wo das Auto von Willibert Wiesel nicht landen konnte. Little Blitz Speedy war immer der ideale Begleiter, um an diesen geheimen Ort zu gelangen. Nur wenige Augenblicke später waren sie bei Schnobi angekommen und machten sich sogleich auf die Suche nach einer konkreten Lösung für das Schneemaschinenproblemen.

„Ronny, gut, dass ihr gekommen seid. Wen hast du denn da noch mitgebracht? Experten für die Reparatur der Schneemaschine vielleicht?", begrüßte Schnobi Schneebär seinen langjährigen Freund.

„Nein, das ist ein Detektiv, er ist in einer Ermittlung wegen des Verschwindens vom Lebkuchenrezeptbuch von Lunelli und Zetha unterwegs."

„Gestatten, dass ich mich selbst vorstellte: Willibert Wiesel, keiner weiß es, ich weiß es. Und das hier ist meine treue Assistentin, die Navigeule Antasi.", sprach der Meisterdetektiv zu Schnobi.

„Da wir gleich dabei sind, Herr Schneebär. Wo waren Sie während der letzten Wintersaison? Haben Sie eventuell Personen, die Ihren Aufenthalt bezeugen können?", nahm Willibert Wiesel sogleich seine Ermittlungen wieder auf.

Noch ehe sich er seinen Notizblock und seinen Stift aus der Tasche nehmen konnte, begann Schnobi Schneebär zu berichten: „Also schon im letzten Oktober hat meine Schneemaschine dort drüben begonnen zu spinnen. Es gab, glaube ich, keinen Moment, an dem sie nicht so richtig funktionieren wollte.

Zuerst kam überhaupt kein Schnee raus, dann wiederum nur ein bisschen. Das Resultat war dann auch nicht von guter Qualität wie in den letzten Jahren zuvor. Sie wissen ja, der Schnee war selten im letzten Winter und war gleich wieder getraut. Denken Sie nur mal an die Millionen traurige Kindergesichter, die zu gerne einen Schneemann bauen oder mit dem Schlitten fahren wollten. Nicht auszudenken, was es diesen Winter geben könnte. Aber, um Ihre Frage zu beantworten, Herr Wiesel: Nein, ich war zwar bei Lunelli in der Lebkuchengasse, aber habe sein stets gehütetes Rezeptbuch auch nicht nur im Ansatz in den Händen gehabt. Sie sehen doch selbst, ich bin und war sonst fast nur mit der Reparatur der Schneemaschine beschäftigt. Jetzt weiß ich leider auch nicht mehr weiter und habe Ronny zu Hilfe geholt."

Überall lagen Werkzeug um die Schneemaschine verstreut. Das Schnobi Schneebär bei weitem kein guter Handwerker war, aber viel Geduld hatte, hat er durch das Probieren einer Reparatur mehr kaputt repariert, als alles wieder in Ordnung gebracht.

„Herr Schneebär, das scheint wirklich eine ausweglose Situation. Ich würde Ihnen dazu gerne helfen, aber ich muss in Sachen Rezeptbuch dringend weiterkommen. Eine Frage noch: Ist Ihnen vielleicht im Laufe der Monate etwas Merkwürdiges bei der Schneemaschine aufgefallen? Überlegen Sie mal gut. Jeder Hinweis kann für meine Ermittlungen hilfreich sein.", sprach Willibert Wiesel ganz eindringlich auf Schnobi ein. Dieser war sehr konzentriert und auch die Navigeule begutachtete die Schneemaschine akribisch genau.

„Ja, jetzt fällt es mir wieder ein. Ronny du hast es doch auch mitbekommen. Weißt du noch, als es zu Neujahr wieder begann aus einer Schneemaschinen zu schneien?", fragte Schnobi Schneebär den Weihnachtsmann.

„Ja, das war doch der Moment, wo ein großes Verkehrschaos erst herrschte.", ergänzte Ronny das Erzählen seines Freundes.

„Meine Herrschaften, bitte mehr Details!", forderte der Detektiv die beiden Freunde auf.

„Also: Anstelle von Schnee kam aus meiner Maschine hier die leckerste Zuckerwatte. Die Menschen merkten das relativ schnell und so kam es, dass jeder plötzlich mit seinem Auto oder Bus stehen blieb, um von der Leckerei kosten zu wollen. Alle waren fasziniert davon und haben die Süßigkeit wirklich sehr genossen.", erzählte Schnobi Schneebär.

Währenddessen flog die Navigeule weiterhin um die Schneemaschine, bis sie plötzlich laut sagte: „Ich hab's! Ich weiß, was das Problem bei der Schneemaschine ist. Zum Glück habe ich einen Reparaturlehrgänge für genau solche Fälle erst letzthin besucht. Schnobi, magst du mir bitte helfen. Ich sage dir, was du machen sollst und dann schaffen wir es gemeinsam!"

Schnobi hätte man in diesem Moment sehen sollen. Er tanzte den fröhlichsten Tanz, den es je auf der Welt gab und sang dabei: „Ich bekomme wieder Schnee! Ich bekomme wieder Schnee! Huch, wie ist die Welt doch schee!"

Ronny und Willibert Wiesel analysierten die Umgebung rund um die Schneemaschine, um vielleicht noch den einen oder anderen Hinweis zu erhaschen, wo sich das Rezeptbuch befinden würde. Ihre Suchaktionen wurden durch einen Anruf von Lunelli Lebkuchen abrupt unterbrochen: „Hallo Herr Wiesel, haben Sie schon etwas erreichen können? Wissen Sie jetzt, wo mein Rezeptbuch liegt?", kam es in einer fast überschäumenden Art aus Lunelli heraus.

„Hallo, Herr Lebkuchen, ich muss Sie leider bisher enttäuschen. Außer vier Puzzleteilen haben wir nach wie vor keine heiße Spur. Wir bleiben aber dran.", antwortete Willibert Wiesel mit ruhiger, aber auch etwas trauriger Stimme.

Die Navigeule und Schnobi Schneebär waren fleißig mit der Maschine beschäftigt. Zunächst leuchtete noch kein Licht, dann sah man aber einen grünen Punkt. Das war der Hinweis, dass sie vollends wieder betriebsbereit war.

„Sollen wir es wagen? Nur ganz kurz?", fragte die Navigeule neugierig wie ein kleines Kind.

„Aber nur ganz kurz, denn es ist gerade schönste Frühling und die Menschen erfreuen sich an ihren Blumen und vielleicht sind auch schon die ersten Samen im Freien.", entgegnete Schnobi Schneebär.

Gesagt – getan: ein kurzes Drücken auf dem Knopf und tatsächlich schneite es ganz dicke, weiche Flocken. „Nun aber schnell wieder ausmachen.

Wir sparen uns den Schnee für den kommenden Winter.", gab Schnobi den Text an. Voller Freude hatte der Schneebär noch eine weitere wichtige Information für Willibert Wiesel. „Ich habe ganz vergessen zu erwähnen, dass es an dem Tag, an dem es Zuckerwatte aus einer Schneemaschine kam, auch wirklich ein außergewöhnlich kräftiger Geruch von Lavendel meine Nase erfüllt hatte. Es war fast so, als ob ich mitten in einem großen Feld stand. Wird Ihnen wohl auch nicht weiterhelfen, oder?", fragte Schnobi Schneebär den Meisterdetektiv.

„Lavendel, ich höre immer nur Lavendel.", murmelte Willibert Wiesel mit einem sehr fragenden Gesicht vor sich hin.

„Ja, ja, wenn ihr nur alle wüsstet, vorher der Lavendel kommt. Haha, von mir, meine Lieben. Immer wenn ich meinem treuen Pinguin einen Auftrag gebe, dann bringt er eine kräftige Brise davon mit. Wir lieben diesen Duft, ihr werdet es schon noch merken. Ha ha ha.", freute sich der Zauberer Zirini so sehr, als er sich weiterhin die Szene über seinen Zauberspiegel ansah.

„Er dachte weiter: Prima Arbeit, Sepp! Die Portion Zuckerwatte hatte auch außerordentlich gut geschmeckt. Aber jetzt, da die Maschine von Schnobi

Schneebär wieder geht, werde ich wohl einige Zeit auf mein Nachschub warten müssen. Zu schade aber auch."

Bei der Reparatur der Schneemaschine ist noch etwas aufgefallen. Es hat sich ein weiteres Puzzleteil darin verklemmt. Daher konnte auch alles nicht richtig funktionieren. Ein eingebautes Puzzleteil in einer Schneemaschine kann auch Zuckerwatte produzieren. Willibert Wiesel und die Navigeule waren noch einige Zeit bei Schnobi Schneebär.

„Was hat es denn mit dem Puzzleteil auf sich, Willibert?", fragte Ronny, als alle drei um die Schneemaschine standen.

„Keiner weiß es, ich weiß es, meine Freunde. Ein Puzzleteil hat die Eigenschaft, dass es sehr gerne zusammengebaut werden will.

Das ist bei fünf Teilen sicherlich nicht besonders schwer.", entgegnete Willibert Wiesel und legt alle fünf Teile auf einen kleinen Tisch, der neben der Maschine stand.

Was Willibert in diesem Moment aber nicht wusste war, dass alle Teile die gleiche Perforation hatten und es somit vielleicht zunächst gar nicht eine eindeutige Lösung geben konnte.

Sichtlich verzweifelt versuchte der Meisterdetektiv die fünf Teile zusammenzufügen, aber leider immer ohne Ergebnis. Sowohl die Navigeule, als auch Ronny sowie Schnobi hatten nach langem Knobeln auch keine richtige Idee.

„Und nun? Nichts war erreicht. Kein Rezeptbuch, keine Verdächtigen und nur weiße Puzzleteile als Indizien.", bemerkte Antasi und ließ dabei ihre beiden Flügel hängen.

„Sei nicht immer so destruktiv. Von nichts kommt bekanntlich auch nichts, aber wir haben ja auch etwas. Fragt sich nur, wie wir damit zu einer Lösung kommen sollen.", beschwichtigte Willibert Wiesel die angespannte Situation.

Ronny legte nun alle fünf Teile der Reihe nach nebeneinander auf den Tisch und es geschah eine seltsame Kombination, fast wie von Geisterhand. „Seht ihr das? Die Teile bewegen sich alle.", verblüffte Willibert Wiesel seine Freunde. Die anderen standen wie versteinert um den Tisch und konnten beim besten Willen ihren Augen nicht trauen. „Seht ihr das auch?", fragte Ronny.

„Ja, jetzt riecht es zudem wieder ganz stark nach Lavendel.", bemerkte der Detektiv und merkte, wie sich ihm die Nackenhaare aufstellten. Wenige Augenblicke später waren die fünf Teile in richtiger Reihenfolge zusammengefügt und aus der weißen Gesamtfläche wurde auch langsam ein Bild. Schnobi Schneebär erkannte eine ihm vertraute Person: Er sah seinen langjährigen Freund, die Katze Lenny. Hier spielte sich auf dem zusammengesetzten kleinen Puzzle folgende Szene ab:

Kalt war es und der Schleier des Nebels schlang sich sanft um die Berge und die nahen Täler. Es war fast so wie ein geheimnisvolles Band, das sich überall breitmachte. Am frühen Morgen war es noch ziemlich still am alten Bahnhof, der schon seit vielen Jahren keine Fahrgäste mehr gesehen hat. Einzig und allein waren es Wanderer, die hier ihre Rast genossen haben und sich am Anblick dieser herrlichen Gegend erfreuten. Früher war der alte Bahnhof ein äußerst attraktiver Anziehungsort. In den goldenen Jahren trafen sich hier sowohl die Einheimischen, als auch die Touristen, um die eine oder andere Tagestour zu machen, die man in dieser einmaligen Gegend in den Bergen unternehmen konnte. Der nostalgisch anmutende Bahnhof stand jedoch nicht leer. Als Endbahnhof war dieser von einer Vielzahl an Bergen ganz gemütlich eingekuschelt. Ringsherum grünte und blühte es fast das ganze Jahr über und auch die Tiere hatten ihren Gefallen an diesem Gebäude. Rote Backsteine hielten den Bau fest zusammen und man konnte fast denken, dass diese schon viele Generationen überdauerten und überdauern werden. Schmetterlinge ließen sich an der Bepflanzung nieder, aber auch die eine oder andere Feldmaus fand im alten Bahnhof ihr Zuhause. Und wo Mäuse sind, da gibt es natürlich auch eine Katze. Genauso ist es auch: eine braun-schwarz getigert Katze war auch in dem alten Bahnhof zu Hause und streunte durch ihr Gebiet immer wieder gerne aufs Neue. Ihr Name ist Lenny. Lenny hatte die Angewohnheit, sich immer wieder auf die große Wiese zu legen, die etliche Meter hohes Gras hatte. Besonders im Sommer, wenn es schön warm war, machte es sich Lenny auf seinem Lieblingsplatz richtig gemütlich. Unsere Katze war aber auch ein kleiner Tollpatsch. Im Winter bei besonders viel Schnee passierten ihm kuriosere Dinge. Pulverschnee kitzelte immer wieder arg in Lennys Nase.

Lenny hat aber auch ein Frauchen und ein Herrchen, die ihr Zuhause im alten Bahnhof gefunden hatten. Magu und Nael lebten schon seit einigen Jahren dort und genossen ihren Ruhestand besonders in der Abgeschiedenheit dieser herrlichen Naturlandschaft. Die beiden Bewohner haben im ehemaligen Wartesaal eine riesige Bibliothek eingerichtet, die jedes Jahr um ein paar neue Bücher erweitert wurde. Beide sind nämlich begeisterte Bücherwürmer und machen nichts lieber, als viele Stunden am Tag ihre Nasen in unzähligen Seiten zu stecken. Viele Regale türmten sich im ehemaligen Wartesaal und es gab jedes denkbare Buch.

Vermutlich war dort alles Wissen der Welt gespeichert und konnte noch viel schneller und zuverlässiger als das Internet abgerufen werden.

Im Laufe der letzten drei Jahre fanden sich in dieser Bibliothek auch drei Geschichtenbände ein, die ihren festen Platz bekommen haben. „Geschichten zum Weiterdenken" war der Untertitel dieser Reihe. Hier wurde von den Erlebnissen von Unki, Mitti und Mogli erzählt, die sich meistens in der Weihnachtszeit ereigneten. Zum vergangenen Fest bekamen Nael und Magu ein weiteres Büchlein mit dem Titel „Lebkuchengasse" von Freunden geschenkt. Genau dieses Buch hielt Nael heute Nachmittag in ihren Händen. Es war einer dieser Tage, wo man besser nicht nach draußen gehen. Regen plätscherte an die Scheiben und ein heftiger Wind trieb sein Unwesen.

Nael machte es sich in ihrem Ohrensessel neben dem Kamin gemütlich und schmökerte die eine oder andere Geschichte. In der Luft hing eine leckere Symphonie aus frisch gebrühtem Kaffee gepaart mit dem Geruch von leckerem Käsekuchen. Dazu ertönte leise Musik aus dem Hintergrund. Nael liebte solche Momente, an denen man einfach die Seele baumeln lassen konnte. Auch die Welt da draußen konnte man vor der Haustür lassen. Magu saß neben ihr in einem zweiten Ohrensessel und streichelte die Katze Lenny, die heute ausnahmsweise auch mal im Haus geblieben ist. Doch irgendwas war auf einmal anders. Das so klein anmutende Buch fühlte sich von einer auf der anderen Sekunde richtig schwer und dick an. Nael legte dies hektisch beiseite.

„Was ist denn jetzt?", schrie sie recht erschrocken heraus. Magu nahm ein wenig Abstand, denn er war schon immer ein bisschen ein Angsthase gewesen. Sein Monokel fiel dabei in seine Tasche. Lenny verkroch sich sogleich unter dem Tisch, der neben den Sesseln stand. Ohne ein weiteres Wort zu sagen, starrten die beiden schließlich auf das Buch.

„Also, ich fass es nicht mehr an", überkam es Magu, dem der Schweiß auf der Stirn geschrieben stand. Nael fixierte weiterhin das Buch, als es plötzlich begann, zu leuchten. Langsamen Schrittes gingen beide immer weiter zurück. Ein Knacken, ein Rauschen und ein Wirbelwind – schwubs öffnete sich das Buch wie von selbst.

Als der Rauch, der entstanden war, sich wieder verzogen hatte, konnte man seinen Augen fast nicht trauen. So etwas gibt es vielleicht nur als Dekoartikel, aber nicht in der Wirklichkeit. Die beiden sahen eine kleine nostalgische Eisenbahn auf dem Buch im Kreise fahren sehen. Wenn man ganz genau hinschaute, konnte man auch ganz viele Menschen entdecken, die sich in dieser Szene bewegten.

„Was um alles in der Welt hat dies zu bedeuten?",
fragte Nael mit großen Augen. „Keine Ahnung. Ich weiß
es nicht, mein Schatz.", antwortete Magu schnell und
doch auch sicher. Lenny blinzelte mittlerweile aus sei-
nem Versteck unter dem Tisch hervor. Plötzlich konnte
man so etwas wie eine Ansage hören, die scheinbar aus
dem Buch kaum. „Liebe Reisende! Steigen Sie jetzt bitte
alle ein, denn unser Zug fährt in wenigen Minuten ab.
Vergessen Sie nicht Ihre Mitbringsel für den großen
Meister. Lösen Sie schnell noch Ihre Tickets, denn die
Anzahl ist streng begrenzt und wir haben einen festen
und straffen Fahrplan. Der große Meister wartet bereits
auf Sie."

Danach langes Schweigen und das Buch schloss sich
so schnell, wie es aufging, auch wieder.

Nael, Magu und Lenny saßen wie kleine Kinder um
das Werk „Lebkuchengasse" und keiner wusste so
recht, mit dieser Situation etwas anzufangen.

„Weißt du, wer dieser große Meister ist? Welcher Zug
fährt denn in einem Buch los? Und welche Geschenke
soll man da mitbringen?", schwall es nur so aus Magu
neugierig heraus. Doch Nael konnte keine Antwort ge-
ben, denn es war auch für sie ein bisschen zu viel der
Eindrücke. Keiner wusste also etwas.

„Also zu uns kommt der Zug bestimmt nicht, denn
hier will doch keiner mehr Urlaub machen.

Alle wollen doch nur noch all-inclusive oder wie das neudeutsch heißt."

„Glaube ich auch nicht. Die Strecke ist seit langer Zeit ja stillgelegt. Der Zirkus Kunterbunt, der hier auch eine der Attraktionen war, hat schon lange geschlossen. Der Elefant Mascha hatte seine Rente beantragt und auch dem Löwen Leander wurde es im Laufe der Zeit zu viel. Er wollte zu seiner Familie nach Afrika zurück. Grund genug für den Zirkusdirektor Geradeaus Günstig die Pforten endlich zu schließen.", redete Magu so laut vor sich hin.

„Ich glaube, das ist die Lösung. Mein Freund Lenny hat vielleicht den Schlüssel für all unsere Fragen. Das was wir gesehen haben, könnte ein Anstoß für unsere nächsten Ideen sein.", bemerkte Schnobi Schneebär sichtlich überzeugt, während seine Freunde und er auf die Situation mit der kleinen Katze auf den Puzzleteilen starrten.

„Wie können wir denn zu diesem kleinen Stubentiger kommen, Schnobi?", fragte Willibert Wiesel neugierig. Auch jetzt machte langes Schweigen die Runde, bis schließlich Ronny eine zündende Idee hatte. „Du hast doch noch eine der uralten, gelben Telefonzellen, die in diesem Jahr überall in unserem Land abgebaut wurden, Schnobi, oder?", bemerkte Ronny mit einer fast schon überzeugenden Art.

„Na klar! Wir können Lenny darüber anrufen und ihm von dem gestohlenen Rezeptbuch berichten. Es ist doch bei weitem kein Zufall, dass wir ausgerechnet ihn in einer Szene sehen, wenn wir die Puzzleteile zusammenlegen", ergänzte Schnobi Schneebär die Überlegungen vom Weihnachtsmann.

Wenige Augenblicke später bot sich ein Bild, das lustiger nicht hätte sein können. Ronny, Schnobi, die Navigeule und natürlich Willibert Wiesel versammelten sich um eine der wenig übrig gebliebenen gelben Telefonzellen.

„Wie war doch gleich die Telefonnummer von Nael, Magu und Lenny? Ich weiß sie nicht mehr", murmelte Schnobi enttäuscht vor sich hin.

„Keiner weiß es, ich weiß es!", antwortete Willibert Wiesel. Nachdem sich alle in die Telefonzelle gezwängt hatten, nahm der Detektiv schließlich das dicke, angestaubte Telefonbuch in die Hand. Ein bisschen blättern und dann konnten sie endlich Lenny anrufen. Dieser war überrascht, als er die Geschichte vom entwendeten Buch von Lunelli und Zetha hörte.

„Da habe ich auch keine Ahnung, meine Freunde. Aber vielleicht wäre es eine Idee, wenn wir alle zusammen mit Nael und Magu weitere Hinweise suchen gehen und ihr uns dabei gleichzeitig besuchen kommt. Auch bei uns am alten Bahnhof haben sich in den letzten

Monaten ganz verrückte und kuriose Dinge abge-
spielt.", erzählte Lenny in freudvoller Erwartung auf
seine Freunde, die hoffentlich bald zu Besuch kommen
werden.

Willibert Wiesel inspizierte während des Telefonats
die wirklich originelle und altertümliche Zelle ganz ge-
nau. Auch die Navigeule schaute, ob sie weitere Indi-
zien über den Dieb finden könnte. Eventuell auch etwas
mit Lavendel oder so, aber weit gefehlt!

Noch während Schnobi Schneebär mit Lenny sprach,
machte der Meisterdetektiv plötzlich einen lauten Auf-
schrei. Diesen konnte man gut bis ganz weit hören.
„Hier, hier, ist es! Schaut mal!", rief Willibert Wiesel wie
von der Stechmücke gestochen.

Tatsächlich: Gab es nicht auf der rechten unteren Seite
der Telefonzelle einen vierstelligen Zahlencode mit
einem Hinweis: „Wenn ihr weiterkommen wollt und
den Weg zu mir auf euch nehmen möchtet, dann wählt
doch bitte diese Nummer hier."

Willibert nahm das orange Papier in seine Hände. Es
fühlte sich fest an und wenn man seine Nase daran rieb,
zu hoch ist doch tatsächlich sehr stark nach Lavendel.
Schnell beendete Schnobi das Gespräch, um seinen
Freunden zu helfen. Willibert, Ronny und Antasi über-
legten ebenfalls, wie es nun wirklich weitergehen sollte.

„Ganz einfach, liebe Freunde, wir haben schon einen so langen und geheimnisvollen Weg auf uns genommen. Lasst uns die Nummer wählen und warten, was passiert.", erwiderte Ronny siegessicher die mehr als kuriose Situation.

Willibert wählte die aufgedruckte Nummer munter auf der Tastatur. „Also: zwei – drei – drei – neun.", sprach er mit nervösen und leicht zitterigen Händen. Es machte kurz „Klack" in der Leitung und darauf noch mal „Klack". Nichts passierte. Die Ermittler wussten immer noch nicht, wie ihnen geschah.

Was dann allerdings folgte, stand auch so in einer Science-Fiction-Geschichte bisher. Plötzlich wurden die Glasscheiben der Telefonzelle mit einem roten Vorhang zugezogen. Es folgte ein Countdown von zehn abwärts. Die vier Freunde wurden doch langsam immer nervöser, gab es kein Entrinnen mehr aus dieser Situation. Drei – zwei – eins – Start!

Das war nicht mehr zu überhören und kurze Zeit später begann die Telefonzelle sich von allein zu bewegen und startete in die Höhe. Little Blitz Speedy sah sich dieses Schauspiel von außen an und machte sich sogleich auf Verfolgungsjagd, denn auch er wollte seine Freunde in guten Händen wissen und sie nicht verlieren.

„Willibert, w-w-was u-u-um a-a-alles i-i-in d-d-der Welt pa-pa-pa-ssiert hier?", stotterte Ronny.

Antasi hielt sich ihre Flügel vor dem rechten Auge, war sie doch sonst eigentlich immer sehr mutig.

„Keiner weiß es, ich weiß es. Jetzt aber auch mal nicht.", versuchte Willibert in einem ruhigen Ton zu antworten.

Mittlerweile war die Telefonzelle also in der Luft und es mag schon ein wenig sehr merkwürdig sein, wenn ein Pferd mit einem Wagen diese auch noch verfolgt. Doch das war noch nicht genug, denn unsere Reisenden sahen sogleich eine weitere Überraschung.

„Was um alles in der Welt ist da draußen?", kam es Ronny wenige Augenblicke später. „Keiner weiß es, ich weiß es.", antwortete Willibald Wiesel, verstummte aber genauso wie seine übrigen Begleiter in der fliegenden Telefonzelle. Zunächst musste man sich echt die Augen reiben, aber beim genauen Hinsehen konnte man einen Pinguin mit einer knallroten Bademütze erkennen, der lustig und munter auf einer Eisscholle durch die Luft flog. Es schien fast den Anschein zu haben, als ob ihm die Telefonzelle in diesem Moment folgte.

„Was hat uns denn Lenny für eine merkwürdige Begleitung geschickt?", grummelte Schnobi Schneebär vor sich hin. „Keine Ahnung, aber merkt ihr es auch?", fragte sogleich die Navigeule.

„Ja, stimmt. Irgendwie ist das alles auf einmal so klein hier. Willibert, was geschieht da?", sorgte sich Schnobi

Schneebär und konnte auf einmal in der Telefonzelle richtig umherlaufen. Nicht nur er, sondern auch alle anderen hatten auf einmal ganz viel Platz.

„Keiner weiß es, ich weiß es! Leute, wir sind irgendwie alle verkleinert", löste Willibert Wiesel mit einem sehr erstaunten Blick die Frage. In der Tat war es so, dass die Begleiter der fliegenden Telefonzelle auf einmal viel kleiner waren. Sie standen nun alle am Fenster und schauten weiterhin dem Pinguin zu, der sich auf einer immer wiederkehrenden Eisscholle durch die Luft bewegte. Wenige Sekunden später klingelte es und da keiner so groß war, den Hörer abzunehmen, machte es Rutsch und dieser schlug allein von der Gabel.

„Hallol, liebel Leutel. Ichl hoffel, dassl ihrl euchl nichtl wundertl. Ichl habel diel Aufgabel, euchl zul begleitenl. Keinel Sorgel, esl passiertel nichtsl."

Diese merkwürdigen Worte konnte man über den heruntergefallenen Telefonhörer deutlich vernehmen. Ronny, Schnobi, Willibert und Antasi schauten sich fragend an.

„Entschuldigungl. Ichl willl michl nochl gernel vorstellenl. Meinel Namel istl Seppl. Ichl binl voml Zaubererl Zirinil geschicktl wordenl.", ergänzte der Pinguin, der nach wie vor wie ein Anführer vor der fliegenden Telefonzelle flog. Willibert nahm sogleich sein Notizbuch machte sich weitere Aufzeichnungen zu machen.

„Meinel liebenl Freundel, ihrl müsstetl einfachl folgenl, dannl findetl ihrl auchl früherl oderl späterl diel Antwortenl aufl eurel Fragenl", fuhr der Pinguin fort.

So kam es dann auch: Die fliegende Telefonzelle machte noch an einigen Stationen Halt und es kamen Mitti, Unki und Mogli hinzu. Etwas später folgten Herr Hansmann und Gertrude Ganzgenau, die nach wie vor auf der Suche nach ihrem Weihnachtseli waren. Natürlich durften Lunelli Lebkuchen und Zetha Zimtstern als Auftraggeber auch nicht fehlen, wobei alle einen schönen Platz in der fliegenden Telefonzelle gefunden haben. Begleitet wurden sie weiterhin von Little Blitz Speedy.

Schließlich klingelte es erneut und der Pinguin Sepp begann wieder zu sprechen: „Liebel Leutel, jetztl sindl wirl fastl vollständigl. Wirl brauchenl nurl nochl einel wichtigel Personl. Bittel habtl nochl einl wenigl Geduldl", erklang es aus dem Hörer der inzwischen gut besetzten Telefonzelle.

Eine herrliche Landschaft machte sich darunter breit und zum Glück hatte keiner der Freunde Angst, auch noch weiterhin in der Telefonzelle zu fliegen. Schließlich landete sie sanft auf einer großen, grünen Wiese inmitten der Berge. Dort war die Kuh Elsa zu Hause, die man gar nicht so einfach verkleinern konnte, dass sie in der Telefonzelle ihren Platz findet.

Somit übernahm Little Blitz Speedy diese verantwortungsvolle Aufgabe, dass er sie in dem großen Schlitten unterbrachte und sie dort als Gast annahm. Das Gespann war nun komplett. Unser Ermittler Team rund um Willibert Wiesel, flog verkleinert in einer Telefonzelle, die vom Pinguin Sepp auf einer Eisscholle angeführt wurde. Doch irgendetwas fehlte nach wie vor und irgendwie wurde noch immer nicht klar, wie es zur Lösung des abhanden gekommenen Rezeptbuchs von Lunelli Lebkuchen gekommen sein sollte.

Nach diesem Stopp war unsere Mannschaft weiterhin auf dem Weg und machte einen nächsten Halt bei Lenny, Magu und Nael.

An diesem herrlichen Tag war die kleine Katze wieder einmal im Garten unterwegs. Nichts ahnend näherte sich die fliegende Telefonzelle mit Little Blitz Speedy und dem Pinguin Sepp, als sich Lenny an seinem Lieblingsplatz im hohen Gras gerade ausruhen wollte.

Es zischte und es wurde auf einmal ganz laut in der Luft. Die kleine Katze konnte ihren Augen nicht trauen. Lenny hatte doch ausgiebig geschlafen und war eigentlich fit. Alles nur ein Traum? Als Lenny versuchte, sich hinter der alten Rotbuche zu verstecken, landete die nostalgische Telefonzelle bereits direkt vor ihm, kurz dahinter auch Little Blitz Speedy mit der Kuh Elsa. Noch mal rieb sich Lenny seine Augen, um sich zu überzeugen, dass es kein Traum war. Als sich die Tür öffnete und alle wieder ihre ursprüngliche Größe hatten, war alles klar! Mit großer Freude liefen Schnobi Schneebär und er sich direkt in die Arme.

„Wie schön dich wieder zu sehen, alter Freund. Wir wollten dich zwar nochmals anrufen, aber da gab es plötzlich eine wichtige Botschaft", begann Schnobi zu sprechen. Doch er konnte gar nicht viel mehr sagen, weil ihn Lenny ganz liebevoll abschlabberte.

„Das kitzelt, Lenny. Du bist echt unverbesserlich, du kleiner Rocker", kam dem Schneebär als Reaktion über seine Lippen. Die Navigeule begann sogleich mit einer ersten Erkundung der Umgebung aus der Luft, während Ronny, Willibert Wiesel und alle anderen Begleiter das freudige Ereignis der beiden Freunde aus nächster Nähe miterlebten.

Von der atemberaubenden Landschaft und dem herrlich großen Garten umrahmt von hohen Bergen war wenige Meter der nostalgische Bahnhof von Lenny, Nael und Magu entfernt Alles so, wie es der kleine Einblick durch die Puzzleteile gezeigt hatte.

Es dauerte nicht lange und Nael und Magu kamen hinzu geeilt. Schnobi Schneebär kannten sie durch ihre Katze schon lange, aber die anderen Besucher waren ihnen neu. So langsam stiegen auch diese aus der Tele fonzelle aus, die auf dem Weg zu Lenny und seiner Familie ihren Platz darin fanden.

„Hallo! Das ist aber eine Freude, Schnobi. Schön, dass wir dich wiedersehen", riefen die beiden schon als sie aus ihrem Haus eilten. Schnobi Schneebär begrüßte seine beiden Freunde und dann stellten sich auch Willibert Wiesel, die Navigeule, Little Blitz Speedy und alle anderen Gäste vor.

Der Pinguin Sepp war unterdessen mitsamt seiner Eisscholle wie vom Erdboden verschluckt.

„Keiner weiß es, ich weiß es. Gestatten: Willibert Wiesel. Ich bin mit Antasi und meinen Freunden hier in geheimer Mission unterwegs. Sind wir hier ungestört?", fragte der Meisterdetektiv und blickte skeptisch, aber zugleich auch aufmerksam in die Runde.

„Willkommen, Herr Wiesel. Sie können hier unbesorgt sein. Unser Grundstück liegt in der Abgeschiedenheit", versicherte Nael dem Besucher.

„Herr Wiesel, wie können wir Ihnen und Ihren Freunden denn weiterhelfen?", fragte Magu sogleich hinterher. Willibert Wiesel stellte nun kurz auch die anderen Besucher vor und erzählte die Geschichte vom gestohlenen Rezeptbuch von Lunelli Lebkuchen. Leider gab es auch von ihnen keine konkreten Hinweise. Allerdings ist auch das ein oder andere Merkwürdige im Laufe der letzten Monate geschehen.

Auf ihrer Wiese neben dem alten Bahnhof wuchsen auf einmal eine Vielzahl von Lavendelpflanzen. Keiner wusste sich das zu erklären. Ein andermal lag ihr Buch „Lebkuchengasse" aus ihrer großen Bibliothek plötzlich auf dem Tisch ihrer Sitzgelegenheit auf dem Balkon. Auch das war bei weitem nicht klar, wie es dorthin gekommen sein könnte.

Der Detektiv schrieb alle Informationen aufmerksam in sein großes Notizbuch. Die Navigeule machte währenddessen ein kleines Nickerchen, aber auch Lenny musste sich durch dieses große Ereignis kurz mal eine kleine Erholung gönnen und hat sich auf seinen Lieblingsplatz niedergelassen, während Ronny ein herrliches Sonnenbad genoss. Weiterhin war alles sehr mysteriös und alles schien noch lange nicht vor einer Lösung zu sein.

„Ha, ha, ha. Wieder mal ganze Arbeit geleistet, mein lieber Sepp. Sehr gut gemacht. Sollen sie doch durch die Luft fliegen und etwas warten, bis endlich die Lösung zu dem verschwundenen Rezeptbuch in den Sinn kommt", jubiliert der Zauberer Zirini und tippte dabei ganz stolz auf das vermisste Buch von Lunelli Lebkuchen, das er fest in seinen Händen hielt.

„Nur zu gerne möchte ich alles darin probieren. Lebkuchen sind meine echte Leidenschaft.

Dafür könnte ich alles geben, sie das ganze Jahr zu genießen", murmelte der Zauberer so vor sich hin, während er das lustige Treiben von Schnobi Schneebär, Ronny, Willibert Wiesel und der Navigeule sowie Little Blitz Speedy mit der Kuh Elsa über sein Teleskop betrachtete.

Die Katze Lenny führte das Gespräch mit seinem langjährigen Freund Schnobi Schneebär fort.

„Alles war in den letzten Monaten sehr kurios", begann Nael zu erzählen. Willibert Wiesel und auch die anderen Freunde waren nun sehr neugierig darauf, alles genau zu erfahren.

„Also: Wie unsere Katze Lenny schon erzählt hat, wissen Sie von der lebendigen Eisenbahn, die aus dem Buch „Lebkuchengasse" kurz und sehr überraschend herauskam. Wir haben uns zunächst nichts weiter dabei gedacht, aber am Folgetag…", erzählte Nael weiter.

„Ja, was war denn nun am Folgetag?", fragte der Meisterdetektiv weiterhin sehr aufmerksam und wissbegierig. „Also am Folgetag war auf einmal der komplette Zug bei uns in voller Größe hier im alten Bahnhof. Wir konnten uns beim besten Willen nicht erklären, aber sehen Sie selbst", erzählte Nael weiter. Alle folgten ihr zum Lokschuppen neben dem umgebauten Bahnhof und standen schließlich vor diesem Zug.

Es war eine Dampflok mit einer Vielzahl von grünen Waggons. Das Ermittlerteam versuchte vergebens in das Innere der Waggons zu gelangen. Lenny umschlich den Zug, während Antasi über diesen hinweg flog. Auf der sonst so findige Herr Hansemann hatte genauso wenig wie Gertrude Ganzgenau keine Idee. Ronny debattierte mit Schnobi Schneebär, aber sie sind leider auch zu keinem Ergebnis gekommen. Kurzum: Der Zug war verschlossen, allerdings machte die Neugier ihr Nötigstes, weil sie auch in diesem Fall siegte.

Willibert Wiesel löste nach einiger Zeit die ange-spannte Lage durch eine einfache Frage auf: „Wo ist denn überhaupt der Pinguin Sepp? Unser Begleiter ist weg", bemerkte er und war fast schon in Sorge, dass ihm etwas passiert sein könnte.

Schließlich ertönte eine Ansage aus der seit Jahren verstummten Lautsprecheranlage: „Wertel Damenl undl Herrenl, bittel steigenl Siel einel. Derl Zugel fährtl inl wenigenl Minutenl abl."

Genau in diesem Augenblick hatten sich wie von Geisterhand die Türen der einzelnen Abteile geöffnet. Etwas zögerlich überlegten es sich alle wirklich gut, ob sie der Einladung der eigentümlichen Stimme folgen sollten. Willibert Wiesel machte schließlich ganz mutig den Anfang „Wir wollen endlich wissen, was es mit dem Verschwinden von Lunellis Rezeptbuch auf sich hat.

Also, auf! Nutzen wir diese Situation und vielleicht kommen wir dem Ergebnis endlich näher.", bestärkte der Meisterdetektiv seine Freude und stieg als erster in den mittleren Zugabteil.

Nach und nach folgten ihm die anderen. Für die Kuh Elsa gab es auch eine gute Möglichkeit, da das letzte Abteil trotz der hohen Stufen, eine ebene Fläche hatte. Ein paar Minuten später hatten alle ihren Platz in den wunderschön eingerichteten Abteilen in diesem nostalgischen Zug gefunden. Die Sitze waren mit einem edlen dunklen roten Leder bezogen, zudem gab es kleine Tische und die Fenster waren mit gelb leuchtenden Vorhängen versehen.

Mitti und Unki machten es sich neben Herrn Hansemann und Gertrude Ganzgenau gemütlich. In einem anderen Bereich ließen sich Nael, Mitti und Lenny nieder. Währenddessen haben sich Willibert Wiesel, Ronny und Schnobi Schneebär im ehemaligen Speisewagen ihren Platz gefunden. So machten es sich die drei gemütlich, denn man konnte ja nie wissen, ob es nicht doch etwas zu essen gab. Für die Kuh Elsa war es übrigens auch das reinste Paradies. Ganz zufällig befand sich frisches Gras in ihrem Abteil und es war fast so, als ob es gerade extra für sie vorbereitet wurde. Die Navigeule hatte auch einen perfekten Platz eingenommen. Auf einer alten Garderobe zwischen zwei Abteilen ließ es sich wirklich prima ausruhen. Alles sah also auf den ersten Blick wie eine normale Zugfahrt aus, auch wenn keinem das Ziel wirklich klar war.

Währenddessen wagte der Zauberer Zirini einen neuen Blick durch seinen Spiegel, um sich ein umfassendes Bild von der Situation zu machen.

„Wunderbar, einmalig. Du wirst ab sofort zum Chefpinguin auf Lebenszeit ernannt. Wirf die alte Lok an, mein Freund und starte die Fahrt zu mir. Ich habe zwar das Rezeptbuch hier, aber mir fehlt einfach die Erfahrung. Ich denke, ich bereite bis zu eurer Ankunft ein großes Fest vor", sprach der Zauberer und rieb sich dabei die Hände. „Es wird etwas ganz Besonderes für euch alle werden. Wartet mal ab."

Mit einem lauten und abermals einem Zischen verbunden mit viel weißem Rauch setzte sich die alte Lok mit samt den nostalgischen Wägen langsam in Bewegung. Der Pinguin hatte zum Glück vorher nicht nur auf den Eisschollen geübt, sondern auch den Führerschein für die Eisenbahn gemacht. Man kann ja nie wissen, was man das alles braucht. Langsam, aber dennoch zielstrebig entfernte sich der Zug vom Bahnhof in Richtung eines unbekannten Ziels. Die Freunde unterhielten sich allesamt angeregt, während Antasi einen Schlummer schlaf machte. Mogli und Lenny schauten gemeinsam aus dem Fenster und genossen die Landschaft und die langsam hinter den Bergen untergehende Sonne in vollen Zügen.

„Ach, was würde ich jetzt für ein kleine Brotzeit geben", sagte Schnobi Schneebär und bekam ein beipflichtendes Nicken von Ronny und Willibert Wiesel zur Antwort „...und einen leckeren Kräutertee".

Nicht einmal eine Sekunde später standen ganz viele Leckereien im Speisewagen und auch alle möglichen Teesorten durften nicht fehlen. Der Detektiv holte die anderen Begleiter, damit alle ein ausgiebiges Abendessen machen konnten und um sich von den Strapazen der bisher anstrengenden Suche nach dem Rezept stärken zu können.

Erneut geschah es wieder von Geisterhand. Plötzlich begann ein grüner Knopf am Ende des Ganges zu leuchten und es ertönte eine neue Durchsage: „Sit, all hrzlich willkommn auf dr Fahrt zu mir. Daurt noch in bisschn, abr s wird sichrlich in schön Fahrt für uch." Mitti blieb der letzte Bissen im Hals stecken und Unki konnte sich vor Lachen gar nicht mehr beruhigen.

„Was um alles in der Welt hat das denn jetzt zu bedeuten?", fragte sie und nahm genüsslich einen warmen Schluck Schneesturmtee aus einer riesigen Tasse mit drei Henkeln.

„Keiner weiß es, ich weiß es", antwortete Willibert Wiesel und fuhr dann fort „Ich glaube, dass unser Schaffner war oder was meint ihr so?" Nur fragende Gesichter, Kopfschütteln und Schulterzucken gab es zur Antwort.

„Aber ich habe nicht verstanden, worum es überhaupt ging in der Ansage? Habt ihr vielleicht eine Ahnung?", stellte Ronny seine Frage in den Raum und begann wieder mit seinem Abendessen, wie die anderen Freunde auch. „Ich würde viel lieber wissen, wohin die Fahrt geht. Allmählich würde ich mir doch unheimlich", bemerkte Gertrude Ganzgenau mit vorsichtig Worten.

„Es ist vielleicht ein Versuch, dass wir alle aussteigen, wenn der Zug an der nächsten Haltestelle ist.", ergänzte Herr Hansemann.

„Ihr seid lustig! Hat den der Zug schon einmal angehalten, seit wir damit fahren? Falls es euch nicht aufgefallen ist, gibt es seit kurzen auch wieder keine Türen mehr", erwiderte Ronny und tat dabei so, als ob es für alle ganz normal wäre.

Im Folgenden haben sich alle Reisenden mit ihrem unbekannten Ziel so langsam an die Situation gewöhnt, alles im Vertrauen darauf, dass es doch ein gutes Ende nehmen wird. In einem schönen Waldstück bevor der Zug etwas langsamer den Berg hinauf ging, erlaubte sich Willibert Wiesel eines der Schiebefenster zu öffnen.

„Leute, was auch immer ist. Es ist herrlich hier. Macht doch auch mal ein paar Fenster auf und genießt den frühen Abend in diesem prachtvollen Waldstück.", sprach der Meisterdetektiv weiter. Alles andere als unbemerkt flog plötzlich eine Taube durch das geöffnete Fenster und ließ sich direkt vor Willibert nieder.

Kurios daran war, dass es bei weitem keine gewöhnliche Taube war. Nein, diese Taube strahlte im tiefsten Blau und sah deshalb natürlich sehr ungewöhnlich aus. Ungewöhnlich war die Taube zudem auch, weil sie wie selbstverständlich zu sprechen begann.

„Guten Abend, entschuldigt bitte die Störung. Ich bin die Taube Dörthe und lebe hier im Zauberwald. Vielleicht habt ihr es noch gar nicht gemerkt, aber links von eurem Zug befinden sich die weltbekannten Muppbergzwerge und passen auf, dass ihr auch ja den richtigen Weg fahrt.", erzählte die kleine Taube munter weiter vor sich hin.

„Wer sind denn die...?", wollte Willibert genauer fragen, kam aber in diesem Augenblick nicht mit seinen Worten weiter, da die Taube sogleich unterbrach:

„Also, ich möchte euch nur warnen, meine Lieben. Versucht die Worte zu verstehen, die ihr gehört habt. Es kommen diese sicher noch mehr, also gebt acht. Ihr habt doch die Kuh Elsa auch mit in eurem Zug.

Ich glaube, dass sie euch da eine wertvolle Hilfe sein kann.", ergänzte die Taube Dörthe ihre eigenen Worte. So schnell sie da war, war sie auch wieder verschwunden. Willibert eilte in den letzten Wagon zur Kuh Elsa, die es sich dort richtig gemütlich gemacht hat. Eingebettet in ihrem frischen Gras genoss die Kuh munter und fröhlich die Zugfahrt. Was bis dahin keiner wusste, war, dass Elsa nicht nur muhisch sprach, sondern auch zauberisch verstehen und übersetzen konnte. Willibert Wiesel zog seinen überdimensionalen Notizblock heraus und fragte die Kuh nach dem Inhalt der Durchsage in einer Selbstverständlichkeit, als ob sie dies jeden Tag machte.

„Also, Willibert, die Durchsage sollte sagen, dass sie euch nur willkommen heißt und hat allen eine gute Fahrt gewünscht. Mehr nicht. Wenn ihr mich zum Übersetzen braucht, wisst ihr ja, wo ihr mich findet. Aber jetzt bin ich sehr müde von der anstrengenden Fahrt und dem vielen Essen.", sagte die Kuh Elsa und gähnte sehr laut. Als ihr fast die Augen zufielen, verließ Willibert Wiesel das Abteil wieder und begab sich zu seinen Freunden in den Speisewagen.

„Zauberisch? So ein Nonsens!", überkam es Mitti und auf die anderen Gäste im Zuge pflichteten ihm zu. In dem nostalgischen Zug war für alle äußerst gemütlich. Nichts ahnend, was alles noch auf sie zukommen würde, setzte der Zug seine Fahrt durch den Zauberwald fort. Mit der Zeit wurde es draußen immer dunkler und die herannahende Nacht machte sich Minute um Minute weiter bemerkbar. Urplötzlich begannen die einzelnen Abteile mit einem sehr warmen Licht beleuchtet zu werden.

Es war anheimelnd und mystisch zugleich. Unsere Freunde ließen es sich gut gehen und sahen mit großer Neugierde, dass es an einigen Stellen im Zauberwald ebenfalls herrliche Lichteinfälle gab. Da war auf einmal ein Kerzenleuchter, der in allen Farben des Regenbogens erstrahlte. Gleich gegenüber konnte man die Umrisse einer Brücke erahnen, da die Baumkronen genauso illuminiert waren, dass es diesen Eindruck auf alle hatte. Die Navigeule wurde von diesem Schauspiel wieder wach und war für kurze Zeit auch außerhalb des Zuges, um alles zu bestaunen. In der Luft konnte diese die hellen Sterne deutlich vernehmen und die frische Luft des Abends mehr als genießen. Von einer Reihe Edeltannen hingen Lichterketten wie Lianen in Richtung zum Boden, sodass sich gleich ein riesiger bunter Ballon anschloss. Ein bisschen weiter führten Fledermäuse einen bunten Tanz mit allerlei Lichtern auf.

Im Zug herrschte weiterhin gespannte, aber auch andächtige Stille. Aus weiter Ferne konnte man beim genauen Hinhören ein kleines Feuerwerk erahnen.

Willibert Wiesel und Schnobi Schneebär sind in die Lok des Zuges zu Pinguin Sepp gekommen, um selbst mehr davon mit zu bekommen.

„Wissenl Siel, dassl heutel wohll einl großesl Festl stattfindetl wirdl", erwähnte der Pinguin bei seiner konzentrierten Fahrt des Zuges.

Auch hier vorne im Zug gab es keine neuen Spuren zum Verbleib der Rezepte. Eines war merkwürdig, denn es roch erneut wieder stark nach frischem Lavendel. Antasi hat sich inzwischen auf der Lok niedergelassen und beobachtete, wie die Freunde das atemberaubende Bild inmitten des Zauberwaldes. Mittlerweile regnete es nur links vom Zug ein wenig und es schien dabei fast so, als ob Millionen von Sternschnuppen leise auf die Erde fielen. Das Feuerwerk wurde immer deutlicher sichtbar, aber auch der Geruch von feinem Lavendel umschloss nun die Nasen der Mitfahrer. Willibert Wiesel und alle anderen wurden sogar richtig benommen davon, dass sie für eine kurze Zeit eingeschlafen waren, weil der Geruch so beruhigend auf sie gewirkt hatte.

Herr Hansmann und Gertrude Ganzgenau fielen die Augen zu, wobei Mitti, Unki und Mogli auch schon im Schlafmodus waren. Mittlerweile hat der Zug den Zauberwald verlassen und wurde auf einer Anhöhe abrupt zum Stehen gebracht.

„Liebel Freundel, wirl machenl einel Pausenl. Steigtl dochl mall ausl, esl gibtl viell zul bestaunenl", kam es erneut als unverständliche Durchsage. Gleichzeitig übersetzte die Kuh Elsa voller Stolz diese Botschaft und das gesamte Ermittlungsteam um Willibert Wiesel stieg aus dem Zug aus. Urplötzlich waren die Türen wieder vorhanden und öffneten sich von selbst.

Die Nacht war sternenklar, ein angenehmer, leichter Wind umspielte leicht ihre Nasen.

Der Pinguin Sepp stand mit hochgezogener Taucherbrille auf der Lok und unterhalb davon versammelten sich alle anderen. In dieser Vollmondnacht in diesem wunderschönen Frühjahr konnte man auch sehr gut sehen. Das Feuerwerk, das alle nur aus der Ferne mitbekommen haben, startete erneut in den herrlichsten Facetten. Leuchtkugeln, Sterne und kleine Ellipsen machten sich in den schönsten Farben am Nachthimmel breit. Ein lautes „Ah" oder auch „Oh" und Sätze wie „Schau mal! Herrlich!" waren die einzigen Worte, die unsere Freunde über ihre Lippen brachten. Das atemberaubende Schauspiel dauerte schon eine Weile an, bis dann urplötzlich wieder alles ruhig wurde.

„Sehr gut, Sepp! Du bist ein brillanter Organisator. Doch jetzt muss ich auch mal wieder ins Geschehen eingreifen.", murmelte der Zauberer Zirini so vor sich hin.

Dieses Mal schaute er ganz besonders aufmerksam durch sein Teleskop.

„Alsol, bittel allel wiederl zurückl inl denl Zugl. Diel Fahrtl startetl inl Kürzel. Ichl wiederholel allel inl denl Zugl bittel", ertönte eine kurze Durchsage.

Alle Augen waren auf die Kuh Elsa gerichtet in der Hoffnung, dass diese die Sätze erneut übersetzt. Stattdessen brachte sie nur ein kräftiges „Muh" und begab sich in Richtung des Zuges, sodass allen anderen auch klar war, was die Botschaft bedeutete.

Zurück im Zug startete dieser erneut und wie von Zauberhand verschwanden die Türen wieder ganz von allein. Doch irgendetwas war anders. Alle nahmen ihre gewohnten Plätze ein, als es auf einmal einen lauten, nicht zu überhören Schlag machte. Es fuhr einem richtig durch Mark und Bein. Mogli und Lenny versteckten sich sogleich unter einem der Sitze in ihrem Abteil, auch die Navigeule war sichtlich aufgeregt und flog wie aufgehetzt durch die Luft ein. Schnobi Schneebär wurde von seinem Kartenspiel mit Ronny und Willibert Wiesel herausgerissen. Ebenso unterbrach der laute Ton das angeregte Gespräch zwischen Unki, Mitti mit Herrn Hansmann und Gertrude Ganzgenau.

Die einzige, die davon nichts mitbekommen hatte, war unsere Kuh Elsa, da sie schon wieder in aller Ruhe schlief, denn sie fühlte sich in ihrem Spezialabteil weiter hinsichtlich wohl.

Auf einmal öffnete sich die Zwischentür zu einem der Zugabteile und es stand ein großer, älterer Mann mit grauem, lockigem Haar und einem Vollbart in der Tür. Noch bevor auch nur einer der Mitreisenden etwas fragen oder sagen konnte, waren alle vom Outfit des neuen Begleiters sehr überrascht und richtig sprachlos. Der bisher noch unbekannte Herr hatte eine lila Uniform bestehend aus Hemd, Hose, Jackett und Krawatte. In seinem Hemd steckte ein kleiner Block. Um seinen Hals trug er eine Art Trillerpfeife. Nicht zu vergessen war da auch der Hut, der fast einem Zylinder ähnelte.

„Gutn Abnd, und di Fahrkartn bitt", begann der ältere Mann freundlich zu sagen. Willibert Wiesel hat von der Kuh Elsa den Trick gelernt, damit er auch diese kuriose Satzwahl richtig und vollständig versteht. Zugleich antwortete der Meisterdetektiv in bester Übung:

„Gutn Abnd, da müssn wir si lidr ntäuschn, wir habn kin Fahrkartn. Tut uns lid". Es klang fast so, als ob Willibert eine komplett andere Sprache gesprochen hat, sichtlich nervös haben sich alle Freunde um den Herrn versammelt und wollten wissen, was zu tun ist.

Inzwischen anwesend waren auch Lenny und Mogli, um den neuen Gast an seinen Schuhen zu inspizieren. Wieder roch es ganz intensiv nach Lavendel. Dabei kitzelte der Geruch so stark in der Nase, dass die kleine Katze einen richtigen Niesanfall bekam.

„Ha, ha, ha, hatschi!", erfüllte es den ganzen Raum. Gertrude Ganzgenau zückte sogleich ein Taschentuch, um sich auch ihre Nase etwas zu trocknen.

„Was machen wir denn jetzt?", fragte Herr Hansemann etwas verzweifelt.

„Keiner weiß es, ich weiß es!", tönt es von Willibert Wiesel erneut ziemlich siegessicher. „Meine Freunde, ich werde ihn fragen, was er sich gedacht hat. Ganz einfach."

So kam es, dass der Meisterdetektiv weiter mit dem doch recht ungewöhnlichen Besucher sprach: „Was solln wir nun tun? S war nicht klar, dass di Fahrt uns twas kostt. Wi könn wir das nun alls bzahln?", wollte Willibert wissen und hoffte insgeheim, dass er die unangenehme Situation etwas entspannen könnte.

„Das ist in gut Frag, min Librr! Lasst mich mal widr übrlgn.", kam es als spontane Antwort, wobei sich der Mann kräftig hinter dem rechten Ohr kratzte. Muss man wissen, dass Zauberer, wenn sie unbemerkt bleiben wollen, sich immer kratzen. Das ist ein geheimes Zeichen, dass sie ganz scharf nachdachten.

Wenige Sekunden später folgte dann die Antwort. Alle starten wie gebannt an den älteren Mann an. Man hätte fast eine Stecknadel fallen hören können. „Wir könntn uns auf in Kompromiss inign. Ich lib s, wnn ich Rätsl stlln darf und jdr bkommt in Frag und muss di richtig Antwort sagn. Wi wär's?", kam es schließlich als Antwort von dem urplötzlich aufgetauchten Mann.

Die Luft im Zugabteil roch mittlerweile noch intensiver nach Lavendel, sodass es alle Freunde weiterhin deutlich wahrnahmen. Willibert Wiesel überblickte die Runde und erntete ein breites Nicken von allen Beteiligten, sodass es nun klar war, dass ein paar Rätsel folgen werden. Lunelli und Zetha waren bisher während der gesamten Fahrt etwas in den Hintergrund getreten. Sie haben sich gleich nach dem Start des Zuges mit dem Ziel ins Ungewisse in ein kleines Abteil der ersten Klasse verzogen, um die nun fehlenden Rezepte wieder aus dem Gedächtnis aufzuschreiben. Lunelli Lebkuchen hatte hierzu noch rechtzeitig ein dickes leeres Buch mit genügend Platz eingesteckt. Schreibsachen waren auch mit dabei und er versuchte zusammen mit Zetha alle traditionellen, aber auch modernen Kreationen festzuhalten. Das alles brauchte seine Zeit und leider war es den Beiden nicht so recht möglich, alle Rezepte vollständig und in der richtigen Menge aufzuschreiben.

Während der letzten Stunden seit dem Start des nostalgischen Zuges haben sie aber alles miterlebt. Der heftige Knall hat sie dann wieder zu Willibert Wiesel und seinen weiteren Freunden kommen lassen. Alle waren jetzt um den älteren Herrn versammelt und schon sehr gespannt darauf, welche Rätselfragen er nun stellen würde. Die Bedingung war, dass nur die Gäste weiterfahren durften, die auch die richtige Lösung auf die Fragen hatten. Zum Glück gab es manchmal mehr Ideen, die als Antworten zählten.

„Also, fangen wir an. Die Fragen stelle ich aber in der richtigen Sprache", fuhr der Mann fort, der eigentlich so aussah wie ein Schaffner, wie man diese noch aus alten Erinnerungen hatte.

„Was macht man nicht alles, wenn man mal keine Antwort auf eine Frage hat?"

„Man kommt auf keinen grünen Zweig."

„Richtig, damit habt ihr bereits einen Punkt."

„Wo steht man, wenn man auf einmal nichts mehr sieht?"

„Im Wald natürlich, denn da sieht man diesen oft vor lauter Bäumen nicht."

„Welchen Vogel braucht man, wenn man mal etwas Verrücktes erlebt hat?"

„Ganz klar! Den Kuckuck, denn wenn man erstaunt ist, sagt man auch ´zum Kuckuck´."

„Womit ist man gewaschen, wenn man ganz viele verschiedene Erfahrungen gemacht hat?"

„Mit allen Wassern, denn man weiß ganz genau, was einen erwarten wird."

Es ging noch eine ganze Weile in diesem Stil so weiter, aber keiner der Reisenden und ganz bestimmt schon nicht der Meisterdetektiv Willibert Wiesel ließ sich aus der Ruhe bringen. Nach einiger Zeit waren alle mit ihrer Frage dran und jeder, wirklich jeder, hatte immer die passende Antwort parat. Der ältere Mann war sehr erfreut und die Zugfahrt konnte in aller Ruhe fortgesetzt werden.

Ruhig und gelassen zogen sich Lunelli und Zetha zurück, Herr Hansmann führte das Gespräch mit Gertrude Ganzgenau und mit Unki und Mitti weiter. Willibert Wiesel nahm die nächste Runde Kartenspiel mit Ronny und Schnobi Schneebär wieder auf. Mogli und Lenny lehnten sich ebenfalls entspannt zurück, während der Pinguin Sepp den Zug so langsam an sein Ziel chauffiert. Das plötzliche Verschwinden des älteren Mannes war keinem etwas Besonderes, haben doch alle in der letzten Zeit immer wieder kuriose Dinge erlebt. Kurz vor dem geplanten Ziel wurde die Eisenbahn wieder merklich langsamer.

Es zischte und schnaubte nur noch immer mehr und auch Sepp hatte keine Ahnung, was jetzt schon wieder passiert sei. Scheinbar war der Lok die lange Fahrt doch sehr ungewohnt gewesen.

Als die Lok fast vollständig zum Stehen kam, eilte er zu Willibert, um ihn nach Rat zu fragen.

„Keiner weiß es, ich weiß es!", entgegnet der Meisterdetektiv und kam mit ins Führerhaus. „Komisch", sagte Willibert Wiesel, nachdem er mit einer Speziallupe alles abgesucht hatte. „Es ist nicht festzustellen, so. Vielleicht sollten wir einmal nach draußen gehen."

Gesagt – getan. Vor der Lok angekommen, stellten beide fest, dass diese wahnsinnig glühte und dampfte. „Komisch. Das hatte ich noch nie. Ich bin schon eine solche Lok gefahren.", entgegnete der Pinguin recht verunsichert. Da der Detektiv für alles immer etwas dabei hatte, zog dieser plötzlich aus seiner Jacke ein Fieberthermometer und wollte die Temperatur der Lok feststellen.

„Was 39 Grad! Die Lok hat Fieber!", stellte der Meisterdetektiv kurzerhand fest. Noch bevor der Pinguin etwas sagen konnte, machte es „Ha, ha, hatschi und es hüstelte ebenso kräftig".

„Sag ich doch, unser Zug hat sich trotz Frühling eine Erkältung geholt und überhöhte Temperatur."

„Eine Eisenbahn hat einen Zug, ha, ha, ha", lachte Sepp lautstark vor sich hin.

„Bi, bi, bitte, ho, ho, holt mir, wa, wa, was Warmes! Ich fr, fr, friere!", ertönte es fast zeitglich.

„Woher kommt das nun?", stellte Willibert Wiesel total verdutzt fest.

Die Navigeule hat von alledem schon viel mitbekommen und flog sogleich zu ihrem Chef. „Werter Meister, schau mal.", machte ihn Antasi aufmerksam. „Das ist die Lok, die zu uns spricht!"

„Bi, bi, bitte etwas Wa, Warmes. Mi, mi, mir is, ist, ist ka, ka, kalt!" stotterte die Lok so leidvoll heraus.

Mittlerweile sind alle nach draußen geeilt, denn zu diesem Zeitpunkt waren die Türen an dem Wagen wieder sichtbar und bereits geöffnet. „Um Himmels willen. Wir müssen der Lok helfen!", sagte Gertrude Ganzgenau voll bekümmert. Lunelli und Zetha pflichteten ihr wie alle anderen auch dieser Situation bei.

„Was ist zu tun?", fragt Unki kurze Zeit später, doch keiner der Anwesenden hatte auch nur ansatzweise eine zündende Idee. War nun alles umsonst? Die Fahrt, die Ermittlungen nach der Suche des verlorenen Rezeptbuches. Zunächst schien die Lage aussichtslos zu sein. Willibert Wiesel nahm allerdings sogleich seine Strategieplanungen auf, um auch dies Situation zu lösen.

In der noch immer vorherrschenden Vollmondnacht konnte man den Detektiv genau beobachten, wie dieser in seinen Gedanken versunken ein paar Meter vom Zug entfernt war.

Niemand hätte es anders gedacht: „Keiner weiß es, ich weiß es!", rief Willibert wenige Augenblicke später zu seinen Freunden. Sogleich forderte er alle seine Mitfahrer auf: „Wir nehmen ein bisschen von dem Heu von unserer Kuh Elsa und packen damit unsere Lok ein, damit sie nicht zu sehr friert.", ordnete Willibert Wiesel seine nächste Aufgabe an, die seine Freunde umgehend gerne erfüllten.

Ganz eilig wurde die Lok mit Stroh eingepackt. Die Navigeule kümmerte sich um das Dach, während Mogli und Lenny rings um die Lok eine Vielzahl von Strohalmen steckten. Nach einiger Zeit konnte man zwar von dieser noch die Umrisse erkennen, aber alle merkten deutlich, dass sie wieder zu neuen Kräften kam. Rasch ging es zurück in die Wägen bzw. für Willibert Wiesel ins Führerhaus. Langsam, aber sicher machte sich der Zug wieder in Richtung ihres unbekannten Zieles auf. „Danke, meine Freunde. Jetzt geht es mir schon wieder besser. Ich bringe euch jetzt sicher an euer Ziel.", sagte die Lok voller Freude und Erleichterung und machte sich auf den Weg.

Vor der Anhöhe ging es noch ein bisschen in Fahrt hinauf in ein kleines, abgelegenes Tal. Nach wie vor war die tiefste Vollmondnacht und der Zug mit all seinen Begleitern kam langsam am Ziel an. Vor ihnen lag ein Haus, das in den prunkvollsten Farben erleuchtet war.

Die hohen Fenster ließen einen kleinen Blick nach drinnen erahnen, jedoch war keinem so richtig klar, wo sie nun angekommen waren. Mittlerweile machte sich die Müdigkeit immer mehr breit, als sich die Reisenden nach draußen begaben. In der kühlen Luft kam ihnen erneut der intensive Geruch von Lavendel entgegen. Die Navigeule Antasi flog eine kleine Runde über das Haus und über das Tal, das sich an dem Grundstück anschloss. Schließlich landete sie auf dem Rücken der Kuh Elsa, um einen ersten Bericht zu erstatten.

„Also, meine Lieben, dort unten scheint eine große Wiese zu sein. Ich kann es trotz Vollmond nicht so richtig erkennen, aber da ist noch viel mehr, als wir uns überhaupt denken können.", sprudelt es aus Antasi nur so heraus. Mittlerweile war auch der Pinguin aus dem Führerhaus ausgestiegen und gähnte lauthals vor sich hin.

„Gutel, liebel Leutel, wirl solltenl jetztl mall etwasl ausruhenl. Esl istl Zeitl insl Hausl zul gehenl. Späterl wirdl esl nämlichl nochl einel..., ähl, ...", bremste sich der Pinguin schon von selbst aus.

„Ichl zeigel euchl euerel Zimmerl. Kommtl bittel mitl.", forderte er seine Begleitungen kurz darauf freundlich auf.

So kam es, dass jeder von ihnen in dem prunkvollen Haus einen ruhigen Schlaf bekommen hat. Das mag jetzt vielleicht etwas ungewöhnlich klingen, aber nach einer so erlebnisreichen Fahrt und diesen vielen aufregenden Momenten darf auch jeder mal eine kleine Pause einlegen, selbst wenn alles neu und vollkommen unbekannt war.

Willibert Wiesel war noch nicht so richtig müde und öffnete das Fenster in seinem Zimmer, das im ersten Stock war. Der Mond schien noch immer sehr hell und der Meisterdetektiv konnte einen ersten Blick auf das von seiner Navigeule beschriebene Gartenstück erahnen. Mit beiden Händen auf seinen Kopf gestützt wurde Willibert immer nachdenklicher, hat er noch immer keine Antwort auf das verlorene Rezeptbuch von Lunelli Lebkuchen und Zetha Zimtstern.

„Wenn ich doch nur mit der Sache weiterkommen würde", murmelte er nachdenklich vor sich hin und begann zugleich ein Nickerchen zu machen. Seine Augen fühlten sich schwer wie Blei an, das seine beiden Lider immer mehr nach unten zu.

„Ku, ku, Kuckuck, Kuckuck" ertönte es kurze Zeit später und riss Willibert aus seinem Dämmerschlaf.

Mit einem Male blickte er ganz aufgeregt in die grau beleuchtete Nacht. Es folgten weitere Rufe eines Kuckucks, die von Mal zu Mal immer lauter wurden. Noch ehe sich Willibert Wiesel versehen konnte, saß auf seinem Fensterbrett tatsächlich ein Kuckuck.

Beide schauten sich verdutzt an und mussten beim besten Willen nicht, wie ihnen geschah. Der Detektiv nahm seine überdimensionale Lupe heraus und sah den Kuckuck damit voller Mut tief in seine Augen.

„Du brauchst gar nicht so neugierig zu schauen!", sprach dieser auf einmal frech heraus. Der Meisterdetektiv legte noch immer nicht seine Lupe weg, so dass der Kuckuck gleich noch eines draufsetzte: „Was willst du denn so genau beobachten? Ich bin hier und das ist alles. Basta!", kam es keck aus dem Schnabel des Vogels.

Ganz verdutzt antwortet erneut Willibert: „Ich beobachte was, wann und wie ich will. Mein Beruf ist schließlich Meisterdetektiv und wir stehen vor einem nach wie vor ungelösten Rätsel. Jeder Hinweis ist nützlich. Also, jetzt raus mit der Sprache: Warum bist du hier? Wer bist du eigentlich?", fragte der Detektiv frech zurück.

„Pass mal auf, du großer Meisterdetektiv. Ich bin hier der persönliche Bote des großen Zauberers Zirini. Mein Name ist Blue-I. Wenn du es genau wissen willst, dann verrate ich dir jetzt ein echtes Geheimnis.

Eure Begleitung gehört auch zu den Verbündeten des Zauberers und ihr seid ihm alle voller Vertrauen gefolgt. Hat keiner nachgedacht, wohin die Reise gehen soll? Aha, wahrscheinlich habt ihr eine Dosis von Lavendula Specialis bekommen und ihr habt es noch nicht einmal gemerkt.", entgegnete Kuckuck.

„Lavendula was?", fragte der Meisterdetektiv verdutzt und notierte sich das Wort gleich ein großes Notizbuch. Noch eine ganze Weile dauerte das Gespräch zwischen ihm und dem Kuckuck an, dann aber überzeugte Blue-I den Detektiv, dass ihn dieser durch den geheimnisvollen Garten folgen soll.

Das ließ sich Willibert natürlich sich nicht zweimal sagen und schlich leisen Fußes durch das Haus, um seine Freunde nicht aus ihrem wohlverdienten Schlaf zu reißen. Draußen angekommen wartete der Kuckuck schon ganz ungeduldig auf Willibert.

„Jetzt komme endlich! Der große Meister wartet auch nicht ewig und Zauberer, die sind ganz besonders ungeduldige Zeitgenossen, musst du wissen.", forderte der Kuckuck Willibert auf.

Dieser war nicht nur ein Meisterdetektiv, sondern auch ein sicherer Wanderer, so dass ihm dieses Abenteuer zu mittlerweile früher Morgenstunde nichts ausmacht.

Etwas später erreichten der Kuckuck und er schließlich ihr Ziel, was genauer gesagt so etwas wie einen Sonnentempel darstellte, der sich auf einer Anhöhe sanft an ein beginnendes Waldstück anschmiegte.

„Wir sind da, großer Meisterdetektiv. Habe ich dir zu viel versprochen?", fragte der Kuckuck erneut frech heraus. Willibert Wiesel wusste auch dieses Mal nicht so recht, was er darauf antworten sollte. „Keiner weiß es, ich weiß es gerade leider auch nicht.", waren die einzigen Worte, die er vor sich her sprach, während er die Treppen zum Sonnentempel emporstieg. Oben angekommen offenbarte sich ihm ein vollkommen neuer Eindruck. Wieder roch die Luft ganz stark nach Lavendel. Dieses Mal war es aber so stark, dass es einem schon fast schwindlig davon geworden wäre. Hinter dem Waldstück konnte man so langsam die aufgehende Sonne des neuen Tages erkennen, die den Tempel in einem warmen Orangeton erstrahlen ließ.

Hier gab es in der Mitte eine lange Festtafel, die bereits ganz außergewöhnlich gedeckt war. Bunte Teller und Tassen standen liebevoll an einem jeden Platz. Daran schlossen sich im Hintergrund weiße Stühle an, die mit einer roten Schleife an der Lehne versehen waren. Überall standen riesige, lilafarbene Kerzen, die munter vor sich hin flackerten.

Der Kuckuck schien auf einmal verschwunden und Willibert Wiesel scheinbar für einen Augenblick vollkommen allein auf weiter Flur zu sein. Das änderte sich jedoch ganz schnell wieder, denn aus einer Ecke taucht wie aus dem Nichts der Pinguin Sepp auf.

„Hallol, Herrl Wiesell. Sindl Siel überraschtl? Obl Siel esl glaubenl oderl nichtl. Siel sindl aml Endel Ihrerl Suchel nachl deml Rezeptbuchl", bemerkte der Pinguin ganz siegessicher.

Willibert stand für einige Zeit wie angewurzelt stehen, bis schließlich aus dem Hintergrund Rauch aufstieg. Es war absolut kein gewöhnlicher Rauch, sondern dieser schimmerte in den buntesten Farben. Dazu ertönte leise Musik wie von einer Fanfare. Was dann folgte, gab es so in keinem Geschichtenbuch bisher überhaupt. Es macht ein paarmal „Zisch" und der Rauch verschwand kurze Zeit später wieder.

Willibert Wiesel rieb sich mehrmals die Augen, weil er dachte, dass er träumte. Aber weit gefehlt: Vor ihm stand bereits zum zweiten Mal der ältere Mann, der auch schon urplötzlich im Zug aufgetaucht war. Der Meisterdetektiv machte zum ersten Mal in seinem Leben ganz besonders große Augen. War der Mann in seinem weißen Anzug mit einer Krawatte und zwei verschieden farbigen Schuhen gekleidet.

Zudem trug er einen weißen Zylinder und in der rechten Hand hatte er so etwas ähnliches wie einen Kochlöffel sowie in der linken Hand ein deutlich erkennbares Buch.

Willibert Wiesel ging mutig ein paar Schritte auf den Mann zu und ließ seinen Worten freien Lauf: „Da, da, ist es! Ich weiß es ganz genau!

Das ist das verschwundene Rezeptbuch von Lunelli Lebkuchen und Zetha Zimtstern. Sie sind ein hinterlistiger Dieb und haben uns in eine Falle gelockt. Jetzt wird mir alles klar!", fuhr Willibert Wiesel in sehr aufgebrachter Weise fort. Doch ehe er weitersprechen konnte, erhob der Mann seinen Kochlöffel, was fast so aussah, wie wenn man sich in der Schule melden möchte.

„Werter Herr, nun beruhigen Sie sich doch wieder. Ich bin kein böser Dieb. Nun, sagen wir, ich habe mir das Buch hier nur für unbestimmte Zeit einmal ausgeliehen." „Ausgeliehen nennt man das jetzt! Lächerlich, das Buch gehört Lunelli Lebkuchen. Wir sind alle ganz verzweifelt auf der Suche nach diesem.", ergänzte Willibert Wiesel.

Der Meisterdetektiv notierte sich nach wie vor alle Informationen in seinem großen Notizbuch und wollte gerade zu einer weiteren Frage ausholen, als der Zauberer mit seinem Erzählen fortfuhr: „Also, gestatten: Mein Name ist Zirini und wir sind in meiner Zauberstube.

Ich bin seit vielen 100 Jahren ein bekannter Zauberer. Und Sie müssen der berühmte Meisterdetektiv sein, der immer auf alles eine Antwort weiß. Interessant", sprach Zirini weiter.

Willibert Wiesel war sichtlich erleichtert und nahm mit dem Zauberer Platz an seinem großen, gedeckten Festtisch.

„Also, lieber Herr Zirini, warum haben Sie alle meine Freunde und mich denn hierherholen lassen? Was hat der Pinguin Sepp damit zu tun? Weshalb haben Sie sich das Rezeptbuch, äh, ausgeliehen?", sprudelten die Fragen nur so aus Willibert Wiesel heraus.

In einem etwas längeren Gespräch erklärte der Zauberer seine Absichten und vor allem, dass er mit keinem bösen Willen das alles eingefädelt hat. Der Meisterdetektiv war somit ziemlich am Ende seiner Ermittlungen und sehr erleichtert, dass er die Suche nach dem verschwundenen Rezeptbuch erfolgreich abschließen konnte. Allerdings war es absolut nicht klar, wie ein Zaubermeister das einmalige Werk wieder abluchsen konnte.

„Nun, mein lieber Zirini, was haben Sie denn alles genau geplant? Lunelli vermisst sein Rezeptbuch und ich habe versprochen, dass er es ganz sicher wieder von mir bekommen wird.", ergänzte Willibert Wiesel seine Überlegungen.

„Außerdem riecht es schon wieder ganz stark nach Lavendel. Merken Sie es auch, werter Zauberer?", setzte Willibert seine Fragen fleißig und munter fort.

„Willibert, sagen wir doch „Du". Weißt du, dass ich Lavendel über alles liebe und wenn ihr diesen Duft in eure Nasen habt, bin ich meistens nicht weit von euch. Ganz einfach: Lavendelduft – Zirini in der Luft! Ich will dir noch ein Geheimnis anvertrauen, werter Detektiv: Nicht nur den Geruch von Lavendel liebe ich, sondern auch den Geschmack von Lebkuchen in allen Variationen. Da habe ich durch meine geheimen Informanten gehört, dass es in der Lebkuchengasse so eine ganz besondere Lebküchnerei gibt. Der Kuckuck Blue-I war im letzten Jahr immer wieder unbemerkt da und hat alles genau beobachtet. Eines Tages war ich dann zur rechten Zeit am rechten Ort und schwubs war das Rezeptbuch weg.", kam es fast schon kleinlaut und mit etwas Sorge aus dem Mund des Zauberers.

Willibert Wiesel legte inzwischen sein Notizbuch zur Seite, das von vielen Aufzeichnungen immer schwerer wurde. Ja, denn auch Worte und Gedanken haben ihr Gewicht und das meist nicht zu wenig.

„Bitte erzähl noch weiter, lieber Zauberer", bat ihn der Meisterdetektiv in mittlerweile freundschaftlicher Weise.

„Nun gut. Damit keiner so recht auf eine Spur kam, habe ich dann überall bei deinen Freunden falsche Hinweise gelegt, damit die Navigeule und du vielleicht die Geduld verliert und die Suche nach dem geliehenen Rezeptbuch irgendwann aufgebt.

Dann habe ich gemerkt, dass es doch ganz schön langweilig sein kann, wenn man im Frühjahr eine Lebkuchenparty feiert, ohne dass auch nur ein Gast anwesend ist. Erschwerend kam hinzu, dass ich mit den großartigen Rezepten gar nichts anfangen kann, denn Kochen können die meisten Zauberer nicht, Willibert."

Mit einem Mal stand der Meisterdetektiv auf und rief „Keiner weiß es, ich weiß es! Ich habe mir sowas insgeheim schon gedacht. Aber ein Zauberer, der eine Party mit Lebkuchen feiern will, das habe ich noch nicht gehört."

Mittlerweile stand die Morgensonne schon weiter am Himmel und Zirini wurde zunehmend nervöser. „Zu gerne wollte ich euch alle mit einem Lebkuchenfest überraschen. Das ist mir nicht gelungen, wir brauchen noch Lunelli zum Vorbereiten." Noch ehe der Zauberer diesen Satz zu Ende gesprochen, machten sich der Pinguin Sepp und der Kuckuck Blue-I auf dem Weg zum Haus der anderen am entfernten Ende des Grundstücks, um diesen heimlich zu holen. Auch das ging ohne Probleme vonstatten.

Zusammen mit dem Meisterkoch und Willibert Wiesel waren diese kurze Zeit später damit beschäftigt, die unterschiedlichsten Lebkuchenkreationen zu erschaffen.

Was an dieser Stelle vielleicht noch neu war, war, dass Willibert auch ein begnadeter Koch ist, eines seiner liebsten Beschäftigungen neben seiner Arbeit als Meisterdetektiv.

Nach einiger Zeit war das Büfett mit Lebkuchenkreationen fertig angerichtet. Es gab alles, was das Herz begehrt. Angefangen von Lebkuchentee und Kaffee für die Gäste Brot, Brötchen und Marmelade mit Lebkuchengeschmack war ebenso vorbereitet. Ein weiteres Highlight waren verschiedenartige Käse- und Wurstvariationen, die ebenfalls einen Hauch von Zimt und weihnachtlichen Gewürzen innehatten. Der Pinguin Sepp und der Kuckuck Blue-I machten sich schließlich erneut auf dem Weg, um alle Freunde aus dem Haus zu holen und sie zur großen Party mit dem Meisterdetektiv und dem Zauberer Zirini einzuladen. Voller Freude machten sich alle auf in Richtung des Sonnentempels, während es sich Lenny, Mogli und die Kuh Elsa mit der Navigeule auf der großen Gartenanlage gemütlich machten. Alle waren sehr gute Freude geworden und erkundeten die Gegend, indem sie einen ausgiebigen Streifzug durch das gesamte Gebiet machten.

Antasi und der Kuckuck Blue-I ließen sich gemeinsam auf den auf einen der hohen Bäume nieder, um einen sehr schönen Überblick über das gesamte Geschehen zu haben. Die Kuh Elsa war an einer einladenden Stelle, um sich mit Gras und Wasser zu stärken. Alle anderen kommen endlich am Ziel ihrer Reise an: Beim Zauberer Zirini in seiner Zauberstube – genauer gesagt in seinem Sonnentempel.

Sie wurden freudig von Willibert Wiesel und Lunelli Lebkuchen, aber auch bis dato vom Zauberer bzw. Zugbegleiter aufs Herzlichste empfangen.

„Meine lieben Freunde, ihr seid herzlich willkommen bei mir, dem großen Zaubermeister.", begrüßte Zirini alle seine Gäste und freute sich sehr, dass sie bei bester Laune alle anwesend waren. „Bitte setzt euch doch an den Festtisch. Es wird gleich ein Geschmacksfeuerwerk für euch geben. Wir können gespannt sein.", fuhr der Zauberer voller Enthusiasmus fort.

Als schließlich alle ihren Platz gefunden haben, begann der Pinguin Sepp mit dem Verteilen der Getränke. Heute war dieser richtig festlich gekleidet, denn passen zu seinem Outfit trug er noch einen Schlips und ein weißes Handtuch über dem rechten Arm.

„Liebel Leutel, dasl Büffettl istl nunl eröffnetl. Ihrl könntl euchl nochl Herzenslustl bedienenl, lasstl esl euchl gutl schmeckenl.", animierte er die Gäste und diese machten sich sogleich auf, um alle Leckereien von Lunelli mit seinem neuen Assistenten Willibert Wiesel zu probieren.

Die Lebkuchenparty ging bis weit in den Nachmittag hinein. Alle haben das gelungene Fest beim Zauberer Zirini sehr genossen.

Der Meisterdetektiv erzählte auch den anderen wo, wie und was es mit dem verschwundenen Rezeptbuch auf sich hatte.

„Da bin ich aber jetzt echt erleichtert", ergänzte Zetha Zimtstern seine Ausführungen. Zudem sah man auch ein deutliches Strahlen im Gesicht von Lunelli Lebkuchen, der beim Essenholen ein lustiges Liedchen summte.

„Alles hat sich zum Glück zum Guten gewandelt", meinte Mitti, wobei ihm Unki beipflichtete. Auch alle anderen Gäste waren richtig glücklich und erleichtert, hatte sich die unendliche und manchmal schwierige Suche nach dem Rezeptbuch nun endlich gelöst.

Herr Hansemann bemerkte schließlich mit etwas spitzer Zunge: „Zirini, du hast uns ja zuerst ganz schön an der Nase herumgeführt." Glücklich und zufrieden hielt er die vermissten Eli wieder in seinen Händen. Auch Gertrude Ganzgenau war froh, dass sich jetzt alles wieder zum Guten gewandelt hat.

Ronny wurde im Laufe der Zeit etwas unruhig, weil er schon eine erste Lagebesprechung für die nächste Wintersaison bzw. das Weihnachtsgeschäft hatte.

„So gerne wir mit euch allen hier diese leckere Lebkuchenparty feiern, so sehr drängt die Zeit. Ronny und ich müssen wieder zurück, denn die Arbeit ruft.", berichtete Schnobi Schneebär.

Wie sich kurze Zeit später herausstellte, hatte der Zauberer den Reisezug allerdings wieder verkleinern und in einem seiner Zauberbücher verschwinden lassen. „Was machen wir denn nun jetzt?", fragte Ronny mit sehr besorgter Miene. Schließlich: „Keiner weiß es, ich weiß es!", rief Willibert Wiesel voller Enthusiasmus aus sich heraus. So kam es, dass Ronny eine kleine Botschaft aufschrieb, die die Navigeule schnellstmöglich zu Little Blitz Speedy bringen sollte. Eine gefühlte Ewigkeit dauert es und Ronny und Schnobi Schneebär wurden immer und immer nervöser.

Schließlich hörte man das Wiehern von Little Blitz Speedy aus der Ferne. Alle Gäste sprangen auf und versuchten das Pferd mit Schlitten beim Einparken zu helfen. Aber Little Blitz Speedy wäre nicht Blitz Speedy, wenn es nicht ein Präzisionswerk wäre, was parken und einparken angeht. Kurze Zeit später hatte das Gefährt seinen Platz gefunden und wurde von Schnobi und Ronny freudig in Empfang genommen.

Das leckere Lebkuchenbüffet beim Zauberer Zirini neigte sich langsam dem Ende entgegen und es kam die Zeit, Abschied zu nehmen.

„Lieber Zauberer, wir danken für das leckere Essen und den herzlichen Empfang", würdigten ihn die Gäste. Lunelli und Zetha machten ihm an dieser Stelle einen interessanten Vorschlag: „Du, Zirini, als Hüter des geliehenen Rezeptbuches und Fan meiner Kreationen. Wie wäre es, wenn du uns ab der nächsten Saison in der Lebküchnerei tatkräftig unterstützen magst? Könnten eine kleine Zaubershow mit dir anbieten. Zahlung erfolgte dann in Form von Lebkuchen und anderen Leckereien abgemacht?"

Noch bevor Lunelli eine Antwort bekam, setzte Zetha noch eines drauf: „Und du, Pinguin Sepp, könntest mir in der Hauptsaison etwas unter die Arme greifen. Es gibt immer viel zu tun und du hast uns mit einem Service heute mehr als überzeugt. Abgemacht?"

Sowohl der Zauberer Zirini, als der Pinguin Sepp strahlten bis weit über ihre beiden Backen hinaus und nahmen die Angebote wohlwollend an. Sogar der Kuckuck hat eine Arbeit in der Lebkuchengasse bekommen. Dieser darf ab der nächsten Saison den fliegenden Werbebotschafter spielen, um möglichst viele Menschen in die Lebküchnerei einzuladen.

Ein bisschen traurig hatten sich alle kurze Zeit später am Sonnentempel eingefunden, waren aber zugleich auch froh, dass sie das Rätsel um das Rezeptbuch für ihren Freund Lunelli endlich gelöst haben. Mit einem festen Händedruck überreichte Zirini das Buch seinem eigentlichen Eigentümer und sagte: „Gute Arbeit, Lunelli. Mach, es gut, Freund! Wir sehen uns alle wieder in der Lebkuchengasse."

Bevor sich alle vom Zauberer verabschiedeten, gab es noch ein echtes Problem: Wie können alle in den Schlitten von Little Blitz Speedy passen und ganz besonders die Kuh Elsa?

„Keiner weiß es, ich weiß es.", kam es zum unzähligen Male von Willibert Wiesel. Dieser wusste, dass Zauberer die Gabe haben, Dinge größer oder auch kleiner erscheinen zu lassen, als sie wirklich sind. Es kam, wie es Willibert vorhergesehen hat. Ein gekonnter Spruch und auf einmal haben sich alle auf den Schlitten eingefunden.

Für Little Blitz Speedy war die Rückfahrt nicht besonders schwierig, denn er hat schon viele Jahre schwere Geschenke transportieren müssen. Angeführt von Ronny und Schnobi Schneebär ging es zügig nach Hause. Lunelli hielt sein Rezeptbuch ganz fest, während sich die anderen freudig und unterhielten.

Seit diesem Jahr folgten nun auch der Zauberer Zirini und Pinguin Sepp mit dem Kuckuck Blue-I der Einladung von Lunelli und Zetha, um in ihrer Lebkuchengasse durch die eine oder andere Attraktion das Geschehen zu bereichern.

So war es dann auch in diesem Jahr, das sich langsam dem Ende entgegenneigte. Im Herbst konnte man bereits an dem einen oder anderen Tag einen Hauch des herannahenden Winters spüren. Zeit also, dass Lunelli und Zetha ihre Saison in der Lebkuchengasse einläuteten. Wie ausgemacht folgten der Zaubrer Zirini und der Pinguin Sepp sowie der Kuckuck Blue-I der Einladung der beiden.

Aufs Feinste hatte Zetha auch in diesem Jahr wieder die Lebküchnerei geschmückt und aus Lunellis Backstube roch wie immer sehr verführerisch nach weihnachtlichen Gewürzen von seinen Backwaren. Die Gäste aus Nah und Fern schauten bereits sehnsüchtig und ungeduldig auf den Kalender, bis sich die Türen zur Lebküchnerei endlich wieder öffneten.

Der Zauberer Zirini wurde bereits am Eröffnungstag für eine magische Vorstellung engagiert. Zetha und der Pinguin Sepp hatten stets alle Hände voll zu tun, dass jeder der Gäste mit allen seinen Wünschen versorgt werden konnte.

Schließlich begrüßte Lunelli alle mit folgenden Worten: „Meine lieben Freunde der Lebküchnerei, ich freue mich sehr, dass ihr uns auch in diesem Jahr die Treue haltet. Wir hatten in der Tat seit dem letzten Weihnachtsfest eine sehr aufregende Zeit. Mein legendäres Rezeptbuch war verschwunden und erst durch die tatkräftige Hilfe und besonders die einmalige Ermittlungskunst von meinem Freund Willibert Wiesel zusammen mit seiner Navigeule Antasi konnte dies wiedergefunden werden. Danken möchte ich aber auch allen meinen anderen Freunden, ohne die es in diesem Jahr in der Lebkuchengasse keine weihnachtlichen Leckereien gegeben hätte."

Dabei zeigte Lunelli stolz auf alle Ehrengäste, die sich an dem großen, runden Tisch in der Mitte des Cafebereiches versammelt hatten. Sichtlich zufrieden und glücklich ging diese zunächst scheinbar unlösbare Situation zu Ende und in der Lebkuchengasse kehrte munteres Treiben rund um das bevorstehende Weihnachtsfest ein.

Willibert Wiesel und eine Navigeule waren nach diesem aufregenden Abenteuer wieder sicher in ihrem Büro zurückgekehrt und gönnten sich eine wohlverdiente Pause. Für eine Woche plante er der Meisterdetektiv Urlaub, um einfach mal auf neue Gedanken kommen zu können.

Danksagung

Meinen herzlichsten Dank möchte ich an dieser Stelle meiner Frau aussprechen, die mir auch für den vierten Band der Reihe „Geschichten zum Weiterdenken" sehr viele Anregungen gegeben hat.

Dank auch deshalb, weil sie meinen Text in altbewährter Weise korrigiert hat. Nicht zuletzt auch ein besonderes Dankeschön für das wie immer liebevoll gestaltete Titelbild für „Zirinis Zauberstube".

Bleiben wir neugierig auf weitere neue Abenteuer . . .

Geschichten zum Weiterdenken

Süßigkeiten zum Lesen
Band 1
ISBN: 978-3746-0137-94
Books on Demand
Preis: 7,99 Euro

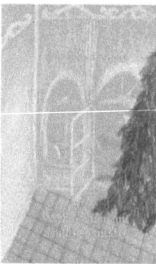

Weihnachten auf Schloss Fantasie
Band 2
ISBN: 978-3746-0139-30
Books on Demand
Preis: 5,00 Euro

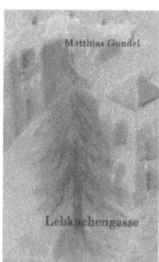

Lebkuchengasse
Band 3
ISBN: 978-3752-8918-74
Books on Demand
Preis: 8,99 Euro

Alle drei Bücher sind auch als ebook erhältlich.